POEMAS

WISŁAWA SZYMBORSKA

Poemas

Seleção, tradução e prefácio
Regina Przybycien

15ª reimpressão

Copyright © by Wisława Szymborska
Copyright da seleção e do prefácio © 2011 by Regina Przybycien

Grafia atualizada segundo o Acordo Ortográfico da Língua Portuguesa de 1990, que entrou em vigor no Brasil em 2009.

Capa
Victor Burton

Foto de capa
© Joanna Helander, Suécia

Edição
Heloisa Jahn

Revisão
Ana Maria Barbosa
Márcia Moura

Dados Internacionais de Catalogação na Publicação (CIP)
(Câmara Brasileira do Livro, SP, Brasil)

Szymborska, Wisława
 Poemas / Wisława Szymborska ; seleção, tradução e prefácio de Regina Przybycien — São Paulo : Companhia das Letras, 2011.

 Edição bilíngue: português/polonês.
 ISBN 978-85-359-1957-8

 1. Poesia polonesa I. Título.

11-08885	CDD-891.851

Índice para catálogo sistemático:
 1. Poesia : Literatura polonesa 891.851

Todos os direitos desta edição reservados à
EDITORA SCHWARCZ S.A.
Rua Bandeira Paulista, 702, cj. 32
04532-002 — São Paulo — SP
Telefone: (11) 3707-3500
www.companhiadasletras.com.br
www.blogdacompanhia.com.br
facebook.com/companhiadasletras
instagram.com/companhiadasletras
twitter.com/cialetras

Sumário

Prefácio — A arte de Wisława Szymborska,
Regina Przybycien 9

CHAMANDO POR YETI
WOŁANIE DO YETI, 1957

Repenso o mundo 27
Obmyślam świat, 111
Dois macacos de Bruegel 30
Dwie małpy Bruegla, 113

SAL
SÓL, 1962

Museu 31
Muzeum, 113
Recital da autora 32
Wieczór autorski, 114
Conversa com a pedra 33
Rozmowa z kamieniem, 115

MUITO DIVERTIDO
STO POCIECH, 1967

A alegria da escrita 36
Radość pisania, 117

Álbum 38
Album, 119
Vietnã 39
Wietnam, 119
Muito divertido 40
Sto pociech, 120

TODO CASO
WSZELKI WYPADEK, 1972

Esqueleto de dinossauro 42
Szkielet jaszczura, 121
Impressões do teatro 44
Wrażenia z teatru, 123
Retornos 46
Powroty, 124
Discurso na seção de achados e perdidos 47
Przemówienie w biurze znalezionych rzeczy, 124
Elogio dos sonhos 48
Pochwała snów, 125
Sob uma estrela pequenina 50
Pod jedną gwiazdką, 126

UM GRANDE NÚMERO
WIELKA LICZBA, 1976

Um grande número 52
Wielka liczba, 127
Agradecimento 54
Podziękowanie, 129
A mulher de Lot 56
Żona Lota, 130

O terrorista, ele observa 58
Terrorysta, on patrzy, 132
Retrato de mulher 60
Portret kobiecy, 133
O quarto do suicida 61
Pokój samobójcy, 134
A vida na hora 63
Życie na poczekaniu, 135
Utopia 65
Utopia, 136

GENTE NA PONTE
LUDZIE NA MOŚCIE, 1987

Excesso 67
Nadmiar, 137
Paisagem com grão de areia 69
Widok z ziarnkiem piasku, 139
A curta vida dos nossos antepassados 71
Krótkie życie naszych przodków, 140
Primeira foto de Hitler 73
Pierwsza fotografia Hitlera, 141
Ocaso do século 75
Schyłek wieku, 143
Filhos da época 77
Dzieci epoki, 144
Torturas 79
Tortury, 146
Escrevendo um currículo 81
Pisanie życiorysu, 147
Funeral 83
Pogrzeb, 148

Opinião sobre a pornografia 85
Głos w sprawie pornografii, 149
Possibilidades 87
Możliwości, 151
Gente na ponte 89
Ludzie na moście, 152

FIM E COMEÇO
KONIEC I POCZĄTEK, 1993

Alguns gostam de poesia 91
Niektórzy lubią poezję, 154
Fim e começo 92
Koniec i początek, 154
Gato num apartamento vazio 94
Kot w pustym mieszkaniu, 156
Amor à primeira vista 96
Miłość od pierwszego wejrzenia, 158
Comediazinhas 98
Komedyjki, 159

INSTANTE
CHWILA, 2002

Entre muitos 100
W zatrzęsieniu, 161
Nuvens 103
Chmury, 163
Certa gente 105
Jacyś ludzie, 164
As três palavras mais estranhas 107
Trzy słowa najdziwniejsze, 165

Prefácio
A arte de Wisława Szymborska

Regina Przybycien

Dizem que a Polônia é o país da poesia. Certamente há alguma verdade nessa afirmação. No curto período de dezesseis anos, apesar das dificuldades da língua polonesa para o leitor estrangeiro — uma língua repleta de grupos consonantais que intimidam, à primeira vista, quem se aventura a tentar decifrá-los —, dois poetas poloneses ganharam o prêmio Nobel: Czesław Miłosz em 1980 e Wisława Szymborska em 1996.[1] Dizem que a premiação do Nobel tem motivações políticas. Disseram isso a respeito de Miłosz, que vivia no exílio, nos Estados Unidos, e cuja premiação coincidiu com as greves do sindicato Solidariedade na Polônia, início da derrocada do comunismo. Mas que motivações políticas poderia ter a premiação de Wisława Szymborska, uma mulher discreta, avessa a viagens e badalações literárias, pouco conhecida fora da Polônia quando foi premiada? E como explicar que, desde a premiação, sua poesia tenha ultrapassado a barreira da língua e ganhado o mundo, traduzida para os mais diversos idiomas?

No Brasil, entretanto, ela é quase desconhecida.[2] Foi

---

1 Dois prosadores poloneses também ganharam o Nobel em épocas passadas: Henryk Sienkiewicz em 1905 e Władysław Reymont em 1924.
2 Poemas esparsos de Szymborska foram publicados em periódicos e antologias. A revista *Religião e Sociedade* nº 11, I, julho 1984, contém poemas

pensando em suprir essa lacuna que este pequeno volume foi concebido, na esperança de poder oferecer ao leitor brasileiro um vislumbre dessa poesia que nos oferece reflexões filosóficas profundas numa linguagem bastante simples.

Wisława Szymborska (pronuncia-se mais ou menos *Vissuáva Chembórska*) nasceu em 1923, no vilarejo de Bnin, hoje parte de Kórnik, uma pequena cidade próxima a Poznań. Em 1931 a família mudou-se para Cracóvia, onde a poeta vive desde então. De 1945 a 1948, estudou literatura e sociologia na Universidade Iaguielônica de Cracóvia, mas não chegou a se formar. Casou-se em 1948 com o poeta Adam Włodek, de quem se divorciou em 1953. Desde pequena passa as férias nas montanhas ao sul da Polônia, na bela cidade de Zakopane, onde seu pai havia sido administrador de uma propriedade do conde Zamoyski (hoje um parque nacional). Pouco afeita às viagens, somente nos últimos anos, por causa dos compromissos literários, começou a viajar para diversos lugares da Europa.

A verdade é que não se sabe muito sobre a sua vida privada, que ela sempre tentou preservar. Não se coloca no papel de celebridade literária, dessas que aparecem na televisão e opinam sobre os mais diversos assuntos. Também

---

traduzidos por Ana Cristina Cesar em parceria com Grażyna Drabik. Henryk Siewierski e José Santiago Naud incluíram-na na coletânea *Quatro poetas poloneses*, Curitiba: Secretaria da Cultura, 1994; Aleksandar Jovanovic em *Céu aberto — 63 poetas eslavos*, São Paulo: Hucitec, 1996. Traduções minhas apareceram nas revistas *Oroboro* nº 4, 2005, e *Coyote* nº 18, 2008. Outras traduções estão em *Piauí*, maio 2007, e *Poesia sempre*, nº 30, 2008.

não gosta de dar entrevistas. Uma vez declarou: "Minha vida está nos meus versos".

Estreou como poeta em plena era stalinista. Seus dois primeiros volumes de poesia, *Dlatego żyjemy* (Por isso vivemos), de 1952, e *Pytania zadawane sobie* (Perguntas feitas a mim mesma), de 1954, rezam pela cartilha da ideologia vigente, abordando temas edificantes em tom otimista. Após a morte de Stálin houve uma relativa distensão política do regime na Polônia, que permitiu aos escritores expressar uma voz individual. Em 1957 Szymborska publicou *Wołanie do Yeti* (Chamando por Yeti), que ela considera sua verdadeira estreia literária. Nesse volume já são visíveis os temas e o estilo personalíssimo que depois a consagraram. Sobre sua adesão juvenil ao socialismo real, a poeta recusou-se a falar durante muito tempo. Em 1991, declarou, em entrevista à revista *Tygodnik Literacki*: "Pertenço a uma geração que acreditou. Eu acreditava".

Szymborska não é uma poeta prolífica. Em cinco décadas publicou somente doze pequenos volumes de poesia que totalizam algumas centenas de poemas. São eles: *Dlatego żyjemy* (Por isso vivemos), 1952; *Pytania zadawane sobie* (Perguntas feitas a mim mesma), 1954; *Wołanie do Yeti* (Chamando por Yeti), 1957; *Sól* (Sal), 1962; *Sto pociech* (Muito divertido), 1967; *Wszelki wypadek* (Todo caso), 1972; *Wielka liczba* (Um grande número), 1976; *Ludzie na moście* (Gente na ponte), 1987; *Koniec i początek* (Fim e começo), 1993; *Chwila* (Instante), 2002; *Dwukropek* (Dois pontos), 2005 e *Tutaj* (Aqui), 2009.

De 1953 a 1981 fez parte da redação da revista *Życie literackie*, na qual, a partir de 1961, assinou uma coluna com o título *Lektury nadobowiązkowe* (Leituras não obrigatórias). Trata-se de pequenas crônicas em que comenta livros que havia lido sobre os mais diversos assuntos: literatura, biografias, culinária, jardinagem, cães e o gênero autoajuda e "faça você mesmo". Essas crônicas foram mais tarde reunidas e publicadas em forma de livro em três edições: *Lektury nadobowiązkowe*. Kraków: Wydawnictwo Literackie, 1973, 1981, 1992. Crônicas mais recentes, publicadas no jornal *Gazeta Wyborcza*, foram reunidas e publicadas sob o título *Nowe lektury nadobowiązkowe* (Novas leituras não obrigatórias) pela mesma editora em 2002. Essas crônicas, suas únicas obras em prosa, constituem verdadeiras pérolas de humor.

Além do prêmio Nobel, Szymborska ganhou vários prêmios na Polônia e no exterior, entre eles o prêmio Goethe, na Alemanha, em 1991, o prêmio Herder, na Áustria, em 1995, e o prêmio do Pen Club polonês em 1996.

Szymborska, assim como Miłosz, Zbigniew Herbert e Tadeusz Różewicz, pertence à geração de poetas poloneses nascidos no período entreguerras, o que significa ter vivido a experiência traumática da Segunda Guerra Mundial e, posteriormente, mais de quatro décadas de totalitarismo comunista. Cada poeta respondeu à sua maneira às pressões da época, mas todos mostram uma profunda consciência da falência de uma concepção evolucionista da história, na qual a humanidade, movida pela razão e pelo progresso, caminharia para estágios cada vez mais avançados de civilização. Testemunhas das barbáries do século, esses poetas refletem sombriamente, muitas vezes ironicamente, sobre a condição humana.

* * *

Gerhard Bauer[3] propõe que a temática da poesia de Szymborska se constitui de uma série de perguntas de natureza filosófica que desestabilizam o que é aceito como real, como dado. A filosofia coloca, desde sempre, perguntas como: quem sou? de onde venho? para onde vou? que faço aqui? Formulando essas perguntas, o ser humano, caniço pensante, se distanciou dos outros seres cujo destino é regido pelas leis naturais. Julgando ocupar uma posição central no mundo, custa-lhe confrontar-se com o fato de que também ele é parte da natureza. Em vários poemas de Szymborska o eu lírico se coloca como fruto do acaso na cadeia evolutiva e se indaga: e se fosse diferente?

Sou quem sou.
Inconcebível acaso
como todos os acasos.

Fossem outros
os meus antepassados
e de outro ninho
eu voaria
ou de sob outro tronco
coberta de escamas eu rastejaria.

---

[3] BAUER, Gerhard. *Radość pytania. Wiersze Wisławy Szymborskiej.* Tradução: Marek Zybura. Kraków: Universitas, 2007. As traduções das citações são de minha autoria.

Para ela, é espantoso o ser humano ter chegado onde chegou no processo evolutivo e dominado o mundo vegetal e animal. Mas como se constituem as relações entre os seres além da esfera humana? Como seria o mundo se não fosse da forma que nos acostumamos a vê-lo? Como seria o humano se não fosse esse ser pensante que classifica, compara, contrasta as coisas e organiza o mundo desta maneira e não outra?

Czesław Miłosz explica que Szymborska explora temas vistos tradicionalmente como não apropriados para a poesia, como "a influência das ciências naturais no seu pensamento, os temas tirados da biologia".[4] Ele a louva exatamente por essa particularidade.

A história e o mito sempre foram fonte de inspiração para os poetas. Também Szymborska bebe dessas fontes. Personagens e eventos da Antiguidade clássica e da Bíblia desfilam pelos versos da poeta, revistos de forma a suscitar uma reflexão filosófica. O poema "A mulher de Lot" retoma a história bíblica da destruição de Sodoma. A mulher de Lot, a quem a Bíblia dedica apenas um curto versículo dizendo que ela se voltou para a cidade e foi transformada numa estátua de sal, passou a ser, na tradição popular, um símbolo da curiosidade feminina. No poema a personagem toma a palavra para explicar suas razões para ter olhado para trás enquanto fugia de Sodoma. As razões são muitas, podem ser bastante banais e até contraditórias, como são as ações humanas.

---

4 MIŁOSZ, Czesław. Poezja jako świadomość. In: BALBUS, Stanisław; WOJDA, Dorota. *Radość czytania Szymborskiej*. Kraków: Znak, 1996, p. 35.

Também a história recente, como a guerra do Vietnã, o terrorismo, as populações deslocadas pelas guerras, as torturas constituem temas que possibilitam à poeta meditar, de forma geral, sobre a condição humana. Hoje, como nos tempos antigos, existem guerras, terror, torturas.

Nada mudou.

O corpo sente dor,

necessita comer, respirar e dormir,

tem a pele tenra e logo debaixo sangue,

tem uma boa reserva de unhas e dentes,

ossos frágeis, juntas alongáveis.

Nas torturas leva-se tudo isso em conta.

A agressividade é parte da natureza humana? Não nos livraremos dela nunca? Essas e outras perguntas constituem o cerne da poesia de Szymborska. A indagação, a abertura para outros modos de olhar conduz a uma relativização de todas as coisas tidas como verdades na história, na ciência, na religião. Fazer perguntas, colocar como hipótese outras formas de ser, de ver e de sentir, provoca um estranhamento nas nossas visões de mundo já consolidadas. Naturalmente toda poesia, por trabalhar criativamente com a linguagem, faz isso, mas, além desse cuidadoso trabalho com a linguagem, Szymborska o faz apresentando temas e personagens conhecidos sob um ângulo de visão inusitado, que surpreende e desestabiliza o convencional. Um bom exemplo desse efeito de estranhamento é o poema "Primeira foto de Hitler", no qual o eu lírico se dirige ao bebê "Adolfinho" numa linguagem que os adultos utilizam com os bebês, e faz previsões sobre o seu futuro. É o que o leitor sabe sobre esse futuro que torna a ironia do poema absolutamente corrosiva.

Embora não se possa chamá-la de feminista, é inegável que Szymborska, em muitos dos poemas, fala da perspectiva de uma mulher. Mais que a adoção de uma temática feminista, é o sujeito da enunciação, identificado em vários poemas como uma mulher, que define um ponto de vista feminino. Maria Tereza Swiatkiewicz[5] analisa as marcas de gênero disseminadas pela obra e as coloca em dois planos: no plano gramatical, elas estão presentes em certos adjetivos e na conjugação verbal (nas línguas eslavas alguns tempos verbais têm gênero); no plano semântico, na referência a objetos (como o vestido no poema "Museu") ou na identificação do eu lírico com personagens femininas (como em "A mulher de Lot" ou "Vietnã"). Como lembra Swiatkiewicz, o sujeito que fala não se esconde no anonimato transcendental. É uma voz individual que fala de um lugar que é, por determinação do acaso, o lugar do feminino.[6]

Szymborska não costuma aludir de modo explícito à situação política polonesa, e a temática dos seus poemas parece, à primeira vista, mais universal do que diretamente relacionada à situação do seu país. Alguns críticos explicam

---

[5] SWIATKIEWICZ, Maria Tereza Fernandes. *A ironia em "Vista com grão de areia"*: um estudo da poesia de Wisława Szymborska. Tese (Mestrado em Teoria da Literatura). Faculdade de Letras de Lisboa, 2000. Disponível em: <http://www.fl.ul.pt/posgraduados/teoria_literatura/swiatkiewicz.pdf>. Acesso em: 12 out. 2006.

[6] SWIATKIEWICZ, op. cit., p. 9.

a popularidade de sua poesia justamente por essa capacidade de falar a leitores de diferentes culturas. Entretanto, as indagações que os poemas formulam podem ser lidas como uma forma de contestação à História única, à Verdade única tão cara aos regimes autoritários (de esquerda ou de direita) e, portanto, falam, sim, do contexto polonês sob o domínio nazista e depois comunista. Examinando as datas de publicação dos seus livros, podemos observar coincidências interessantes. A maioria dos poemas do volume *Ludzie na moście* (Gente na ponte), publicado em 1987, tem um tom mais sombrio e é mais alusiva a questões políticas do que os anteriores. A década de 1980 foi marcada pelo regime de exceção implantado pelo general Jaruzelski, que acabou com o movimento Solidariedade e as expectativas de uma abertura política na Polônia, que só viria em 1990, após a queda do muro de Berlim. O desencanto da década de 1980, visível em várias produções artísticas da época, também está presente na poesia de Szymborska.

O comentário político é indireto e sutil e a arma utilizada é a ironia. A guerra, por exemplo, é mostrada nos seus efeitos: pode ser o cenário depois de uma guerra (em "Fim e começo") ou pessoas inocentes fugindo dela (em "Certa gente") ou o desnorteamento de uma mulher que perdeu todos os referenciais (em "Vietnã").

Alguns críticos chamaram Szymborska de existencialista. Questionada a respeito numa entrevista em 1973, ela respondeu:

> O rótulo é lisonjeiro, mas falso. Não cultivo nenhuma grande filosofia, só uma modesta poesia. Os existencialistas são tre-

mendamente sérios; não gostam de brincar. Não creio que essa descrição se aplique a mim. Sempre encaro a seriedade excessiva como algo meio ridículo. [...] No poema tento conseguir o efeito que na pintura se chama *chiaroscuro*. Gostaria que o poema contivesse o sublime e o trivial, as coisas tristes e cômicas — lado a lado, misturadas.[7]

Embora os seus temas sejam sérios, até sombrios, o tom dos poemas não é. A seriedade das questões colocadas pelos poemas é contrabalançada pelo humor e pela ironia, que colocam o eu lírico na posição de observador distanciado. Neste aspecto, o poeta brasileiro que mais se lhe assemelha é, parece-me, Carlos Drummond de Andrade. Também nele o recurso à ironia é uma forma de conter a densidade dramática dos poemas. A ironia desempenha um papel fundamental por solapar a importância que se dá ao mundo e, sobretudo, a si mesmo. Segundo Tadeusz Nyczek, a relação de Szymborska com "a infinitude do mundo é complicada de várias maneiras. O sentimento de desmedida é claro. O sentimento de desamparo é evidente. A defesa — a autodefesa — é o riso (riso das palavras, da poesia), a ironia e a autoironia".[8] A autoironia é dirigida, sobretudo, para a função do poeta. Desmistifica a visão romântica do poeta-criador, demiurgo e profeta sem o qual a humanidade não conseguiria subsistir. No poema "Recital da autora", publicado em 1962, a jovem e ainda

---

7 Apud BARANOWSKA, Małgorzata. "Wisława Szymborska: poet of the consciousness of being". In: ___. *Wisława Szymborska Nobel '96 for Literature*. Warszawa: Polish Information Agency, 1996, pp. 34, 40.
8 NYCZEK, Tadeusz. Wielki ser. *Nagłos*, nº 24 (49). Kraków, out.1996, p. 27.

relativamente desconhecida poeta ironiza a relação com o público:

Musa, não ser um boxeador é literalmente não existir.
Nos recusaste a multidão ululante.
Uma dúzia de pessoas na sala,
já é hora de começar a fala.
Metade veio porque está chovendo,
o resto é parente. Ó Musa.

No poema "Alguns gostam de poesia", publicado trinta anos depois, ela volta ao tema. A poesia, despida da aura sagrada, é trazida para o chão das coisas mundanas onde ela tem um lugar bem pequeno, cultivada por uns poucos aficionados:

Alguns gostam de poesia

Alguns —
ou seja nem todos.
Nem mesmo a maioria de todos, mas a minoria.
Sem contar a escola onde é obrigatório
e os próprios poetas
seriam talvez uns dois em mil.

Para entender um pouco melhor a poética de Szymborska, é interessante colocá-la no contexto da tradição política da Polônia dos últimos dois séculos.

A poesia romântica polonesa foi extremamente importante, no século XIX, para criar e manter o sentimento de identidade nacional. A Polônia deixara de existir como Estado na segunda metade do século XVIII, dividida entre os impérios russo, prussiano e austríaco. Várias insurreições no século XIX, com o objetivo de reconquistar a independência, fracassaram e, como consequência, levaram para o exílio boa parte dos artistas e intelectuais poloneses. Poetas como Adam Mickiewicz e Juliusz Słowacki, exilados na França, foram a voz e a consciência da nação após a Polônia ter desaparecido do mapa da Europa. Eles ocupam um lugar especial no panteão dos heróis nacionais. Várias gerações de poloneses aprendiam de cor os seus versos. Obrigatória nos currículos escolares, declamada nas celebrações e cerimônias, encenada no teatro e adaptada para o cinema, essa poesia romântica se encontra tão entranhada na cultura polonesa que todo jovem poeta do século XX tinha de lidar com a força desses monumentos literários, fosse para emulá-los, fosse para se rebelar contra eles.

A estética romântica é a estética do sublime, da linguagem elevada e do tom patético. É um pouco como rebelião contra ela que a poética de Szymborska deve ser entendida. Num número especial da revista *Nagłos*, dedicado à poeta, o crítico Marian Stala pergunta: "Por que você não gosta de *pathos*?". Ao que ela responde: "Sempre, quando escrevo, me sinto como se alguém estivesse fazendo caretas atrás de mim. Por isso fico muito atenta e evito, tanto quanto posso, as grandes palavras".[9] Sua poesia nos dá a sensação de simplicidade e leveza, um efeito que é atingido com esforço, em contínuas revisões. Os versos finais do

---

9 *Nagłos*, p. 7.

poema "Sob uma estrela pequenina" aludem a essa luta da poeta: "Não me julgues má, fala, por tomar emprestado palavras patéticas,/ e depois me esforçar para fazê-las parecer leves".

Małgorzata Baranowska define o senso de humor de Szymborska como "uma combinação de um paradoxo filosófico muito refinado com uma linguagem extremamente simples, cheia de expressões do cotidiano".[10]

Parece-me que justamente nessa combinação está o segredo do sucesso de sua poesia. Os temas mais complexos são vazados numa linguagem acessível a qualquer pessoa fluente na língua polonesa. Ela lança mão de um vasto repertório de expressões idiomáticas e de canções e ditos populares. O leitor polonês os reconhece, por fazerem parte do patrimônio comum da sua língua e cultura, mas também sente estranhamento pelo uso particular que a poeta faz desses elementos. Ela os reelabora constantemente, dando-lhes nova significação em outros contextos. A linguagem coloquial é, junto com o humor e a ironia, a marca inconfundível da poesia de Szymborska, o que traz um grande desafio para os tradutores porque, ao contrário do que possa parecer, é muito difícil traduzi-la.

A história das traduções aqui apresentadas é longa. Deparei pela primeira vez com a poesia de Szymborska quando ela ganhou o Nobel em 1996. Eu fazia um curso intensivo de língua polonesa na Universidade Iaguielônica

---

10 BARANOWSKA, p. 16.

de Cracóvia. Minha mãe falecera duas semanas antes da minha viagem à Polônia. Nessas circunstâncias, estudar a língua materna que me embalara na infância e que eu não falava havia quarenta anos causava-me emoções mistas. A linguagem do cotidiano, das coisas concretas, me acalentava, mas eu tinha dificuldade em aprender a linguagem intelectual, das abstrações, que me parecia fria, sem alma. Então as professoras do curso nos apresentaram alguns poemas de Szymborska. A princípio só conseguia lê-los com muita dificuldade e com o auxílio da tradução americana. Com o correr do tempo, fui desenvolvendo a capacidade de leitura em polonês e comecei a traduzir alguns poemas para mim mesma, como exercício de leitura. Ao longo dos anos fui acumulando tentativas, algumas que considero bem-sucedidas, outras fracassadas, de tradução. A poesia de Szymborska foi a ponte que me permitiu unir a língua do sensível, língua lúdica de minha infância, com a língua lógica dos conceitos e das abstrações. Traduzi-la foi um exercício de tentar trazer para a língua portuguesa essa combinação de sofisticação intelectual com um tom absolutamente coloquial.

    Sobretudo o tom é fundamental. Toda tradução é uma tentativa de recriação em outra língua, com outros sons e outros recursos poéticos, do sentido do original. Recriar o tom coloquial, evitar ao máximo as grandes palavras e a sintaxe intrincada, é manter-se fiel ao espírito da poesia de Szymborska. Esse é o principal desafio que ela apresenta para o tradutor. O outro é: como transportar para outra língua os jogos que ela faz com as expressões idiomáticas, os ditados e as canções populares. Manter as referências da cultura original e se valer de notas explicativas parece uma opção pouco poética. Por outro lado, utilizar referências da própria cultura, que o leitor possa identificar, desloca o sentido e inevitavelmente cria outras conotações. Um exemplo para ilustrar essa dificuldade: o poema "Wieczór autorski", que traduzi como "Recital da autora", apresenta uma expressão intraduzível: "Nie być bokserem, być poetą,/ mieć wyrok skazujący na ciężkie norwidy" (literalmente: "Não ser boxeador, ser poeta,/ estar condenado a *norwids* forçados"). No último verso a poeta faz um jogo juntando a expressão "estar condenado a *duras penas* ou a *trabalhos forçados*" — os dois sentidos são possíveis no polonês — e o nome de Cyprian Norwid, poeta romântico que se caracteriza pelos versos complexos e por ter levado uma vida difícil, sem o reconhecimento de sua obra enquanto viveu. Busquei na literatura brasileira um poeta que tivesse essas características. Cruz e Sousa pareceu-me um exemplo possível, mas os sobrenomes duplos, tão comuns na língua portuguesa, soam pouco poéticos. Optei por traduzir o verso como: "estar condenado a duras florbelas", usando o nome de Florbela Espanca que, de outra época e com versos muito diferentes de Norwid, teve, como ele, uma vida atribulada e uma obra que só passou a ser valorizada depois da morte. A opção representa um desvio em favor de uma solução que me pareceu mais poética. Esse tipo de jogo é recorrente na poesia de Szymborska, e o tradutor tem que fazer escolhas difíceis.

Os poemas aqui reunidos estão na ordem cronológica da sua publicação. No índice, indiquei os títulos dos volumes originais e o ano da publicação. Para a tradução utilizei a edição de poemas reunidos sob o título *Widok z ziarnkiem piasku* (Paisagem com grão de areia), Poznań: Wydawnictwo a5, 1996. Apenas quatro poemas não estão nessa edição: "Wieczór autorski" (Recital da autora), "Wietnam" (Vietnã), "Żona Lota" (A mulher de Lot) e "Pokój samobójcy" (O quarto do suicida). Para eles, me vali da nova edição *Wisława Szymborska Wiersze wybrane* publicada em 2010 pela mesma editora.

Agradeço a Gabriel Borowski, Marcelo Paiva de Souza e Eduardo Nadalin pela ajuda inestimável nas revisões e pelas sugestões. Várias dessas sugestões foram acatadas. Outras não. O resultado, bom ou mau, é inteiramente de minha responsabilidade.

SOBRE A TRADUTORA

REGINA PRZYBYCIEN nasceu em Curitiba em 1949. Doutora em literatura comparada pela UFMG, lecionou nas universidades Federal de Ouro Preto e Federal do Paraná. Atualmente é professora visitante na Universidade Iaguielônica de Cracóvia. Traduz literatura polonesa e inglesa e realiza pesquisa sobre poetas mulheres, com muitos ensaios publicados. Organizou a coletânea *Poetas mulheres que pensaram o século XX* (2008).

POEMAS

Repenso o mundo

Repenso o mundo, segunda edição,
segunda edição corrigida,
aos idiotas o riso,
aos tristes o pranto,
aos carecas o pente,
aos cães botas.

Eis um capítulo:
A Fala dos Bichos e das Plantas,
com um glossário próprio
para cada espécie.
Mesmo um simples bom-dia
trocado com um peixe,
a ti, ao peixe, a todos
na vida fortalece.

Essa há muito pressentida,
de súbito revelada,
improvisação da mata.
Essa épica das corujas!
Esses aforismos do ouriço
compostos quando imaginamos
que, ora, está só adormecido!

O tempo (capítulo dois)
tem direito de se meter
em tudo, coisa boa ou má.
Porém — ele que pulveriza montanhas
remove oceanos e está
presente na órbita das estrelas,
não terá o menor poder
sobre os amantes, tão nus
tão abraçados, com o coração alvoroçado
como um pardal na mão pousado.

A velhice é uma moral
só na vida de um marginal.
Ah, então todos são jovens!
O sofrimento (capítulo três)
não insulta o corpo.
A morte
chega com o sono.

E vais sonhar
que nem é preciso respirar,
que o silêncio sem ar
não é uma música má,
pequeno como uma fagulha,
a um toque te apagarás.

Morrer, só assim. Dor mais dolorosa
tiveste segurando nas mãos uma rosa
e terror maior sentiste ao som
de uma pétala caindo no chão.

O mundo, só assim. Só assim
viver. E morrer só esse tanto.
E todo o resto — é como Bach
tocado por um instante
num serrote.

Dois macacos de Bruegel

É assim meu grande sonho sobre os exames finais:
sentados no parapeito dois macacos acorrentados,
atrás da janela flutua o céu
e se banha o mar.

A prova é de história da humanidade.
Gaguejo e tropeço.

Um macaco, olhos fixos em mim, ouve com ironia,
o outro parece cochilar —
mas quando à pergunta se segue o silêncio,
me sopra
com um suave tilintar de correntes.

Museu

Há pratos, mas falta apetite.
Há alianças, mas o amor recíproco se foi
há pelo menos trezentos anos.

Há um leque — onde os rubores?
Há espadas — onde a ira?
E o alaúde nem ressoa na hora sombria.

Por falta de eternidade
juntaram dez mil velharias.
Um bedel bolorento tira um doce cochilo,
o bigode pendido sobre a vitrine.

Metais, argila, pluma de pássaro
triunfam silenciosos no tempo.
Só dá risadinhas a presilha da jovem risonha do Egito.

A coroa sobreviveu à cabeça.
A mão perdeu para a luva.
A bota direita derrotou a perna.

Quanto a mim, vou vivendo, acreditem.
Minha competição com o vestido continua.
E que teimosia a dele!
E como ele adoraria sobreviver!

Recital da autora

Musa, não ser um boxeador é literalmente não existir.
Nos recusaste a multidão ululante.
Uma dúzia de pessoas na sala,
já é hora de começar a fala.
Metade veio porque está chovendo,
o resto é parente. Ó Musa.

As mulheres adorariam desmaiar nesta noite outonal,
e vão, mas só ao assistir a uma luta colossal.
Só lá as cenas dantescas.
E o ascenso aos céus. Ó Musa.

Não ser boxeador, ser poeta,
estar condenado a duras florbelas,
por falta de musculatura mostrar ao mundo
a futura leitura escolar — na melhor das hipóteses —
Ó Musa. Ó Pégaso,
anjo equestre.

Na primeira fila um velhinho sonha docemente
que a finada esposa ressuscitou e
assa para ele um bolo com passas.
Com fogo, mas não alto, para o bolo não queimar,
começamos a leitura. Ó Musa.

Conversa com a pedra

Bato à porta da pedra.
— Sou eu, me deixa entrar.
Quero penetrar no teu interior
olhar em volta,
te aspirar como o ar.

— Vai embora — diz a pedra. —
Sou hermeticamente fechada.
Mesmo partidas em pedaços
seremos hermeticamente fechadas.
Mesmo reduzidas a pó
não deixaremos ninguém entrar.

Bato à porta da pedra.
— Sou eu, me deixa entrar.
Venho por curiosidade pura.
A vida é minha ocasião única.
Pretendo percorrer teu palácio
e depois visitar ainda a folha e a gota d'água.
Pouco tempo tenho para isso tudo.
Minha mortalidade devia te comover.

— Sou de pedra — diz a pedra —
e forçosamente devo manter a seriedade

Vai embora.
Não tenho os músculos do riso.

Bato à porta da pedra.
— Sou eu, me deixa entrar.
Soube que há em ti grandes salas vazias,
nunca vistas, inutilmente belas,
surdas, sem ecos de quaisquer passos.
Admite que mesmo tu sabes pouco disso.

— Salas grandes e vazias — diz a pedra —
mas nelas não há lugar.
Belas, talvez, mas para além do gosto
dos teus pobres sentidos.
Podes me reconhecer, nunca me conhecer.
Com toda a minha superfície me volto para ti
mas com todo o meu interior permaneço de costas.

Bato à porta da pedra.
— Sou eu, me deixa entrar.
Não busco em ti refúgio eterno.
Não sou infeliz.
Não sou uma sem-teto.
O meu mundo merece retorno.
Entro e saio de mãos vazias.
E para provar que de fato estive presente,
não apresentarei senão palavras,
a que ninguém dará crédito.

— Não vais entrar — diz a pedra. —
Te falta o sentido da participação.
Nenhum sentido te substitui o sentido da participação.
Mesmo a vista aguçada até a onividência
de nada te adianta sem o sentido da participação.
Não vais entrar, mal tens ideia desse sentido,
mal tens o seu germe, a sua concepção.

Bato à porta da pedra.
— Sou eu, me deixa entrar.
Não posso esperar dois mil séculos
para estar sob teu teto.

— Se não me acreditas — diz a pedra —
fala com a folha, ela dirá o mesmo que eu.
Com a gota d'água, ela dirá o mesmo que a folha.
Por fim pergunta ao cabelo da tua própria cabeça.
O riso se expande em mim, o riso, um riso enorme,
eu que não sei rir.

Bato à porta da pedra.
— Sou eu, me deixa entrar.

— Não tenho porta — diz a pedra.

A alegria da escrita

Para onde corre essa corça escrita pelo bosque escrito?
Vai beber da água escrita
que lhe copia o focinho como papel-carbono?
Por que ergue a cabeça, será que ouve algo?
Apoiada sobre as quatro patas emprestadas da verdade
sob meus dedos apura o ouvido.
Silêncio — também essa palavra ressoa pelo papel
e afasta
os ramos que a palavra "bosque" originou.

Na folha branca se aprontam para o salto
as letras que podem se alojar mal
as frases acossantes,
perante as quais não haverá saída.

Numa gota de tinta há um bom estoque
de caçadores de olho semicerrado
prontos a correr pena abaixo,
rodear a corça, preparar o tiro.

Esquecem-se de que isso não é a vida.
Outras leis, preto no branco aqui vigoram.
Um pestanejar vai durar quanto eu quiser,
e se deixar dividir em pequenas eternidades
cheias de balas suspensas no voo.

Para sempre se eu assim dispuser nada aqui acontece.
Sem meu querer nem uma folha cai
nem um caniço se curva sob o ponto final de um casco.

Existe então um mundo assim
sobre o qual exerço um destino independente?
Um tempo que enlaço com correntes de signos?
Uma existência perene por meu comando?

A alegria da escrita.
O poder de preservar.
A vingança da mão mortal.

Álbum

Ninguém na família nunca morreu de amor.
O que passou, passou, mas nada que alimente um mito.
Romeus tísicos? Julietas diftéricas?
Alguns até atingiram uma idade senil.
Nenhuma vítima de falta de resposta
a uma carta manchada de lágrimas!
Ao fim e ao cabo sempre aparecia algum vizinho
de pincenê carregando um buquê.
Nunca ninguém sufocou num armário estiloso
porque o marido da amante voltou de repente!
Nenhuma mantilha, babado ou fita
nunca impediu ninguém de aparecer na foto.
E nunca na alma o Bosch infernal!
E nunca com uma pistola pelo quintal!
(Faleceram de bala na cabeça, mas por outros motivos
e em macas de campanhas.)
Mesmo essa de coque extático
e olheiras fundas como depois de uma folia
se foi em meio a uma grande hemorragia
mas não para ti, dançarino, e não com pena.
Talvez alguém muito antes do daguerreótipo —
mas desses no álbum, nenhum, que eu tenha sabido.
As tristezas se desfaziam em risos, corriam os dias
e eles consolados sumiam-se de gripe.

Vietnã

Mulher, como você se chama? — Não sei.
Quando você nasceu, de onde você vem? — Não sei.
Para que cavou uma toca na terra? — Não sei.
Desde quando está aqui escondida? — Não sei.
Por que mordeu o meu dedo anular? — Não sei.
Não sabe que não vamos te fazer nenhum mal? — Não sei.
De que lado você está? — Não sei.
É a guerra, você tem que escolher. — Não sei.
Tua aldeia ainda existe? — Não sei.
Esses são teus filhos? — São.

Muito divertido

Anseios de felicidade
anseios de verdade
anseios de eternidade,
olhem só!

Mal distinguiu o sono do despertar,
mal deduziu que ele é ele,
mal talhou em mão a antiga barbatana
pederneira e foguete,
fácil de se afogar numa colher de oceano,
tão pouco divertido que nem diverte o vazio,
só vê com os olhos,
só ouve com os ouvidos,
o recorde de sua fala é o modo condicional,
com a razão incrimina a razão,
em uma palavra: quase ninguém,
mas a cabeça cheia de liberdade, onisciência e o ser
acima da carne insensata,
olhem só!

Pois afinal parece existir,
aconteceu de verdade
sob uma das estrelas provincianas.
Vivaz e bem ativo lá do seu jeito.
Para uma reles degeneração do cristal —

mui seriamente perplexo.
Para uma infância difícil pelas necessidades do rebanho —
nada mal como indivíduo.
Olhem só!

Só um pouco adiante, adiante ainda um instante,
talvez o tempo do piscar de uma galáxia pequenina!
Que finalmente *grosso modo* se revele
quem ele será, já que é.
E é — obstinado.
Obstinado, deve-se admitir, e muito.
Com essa argola no nariz, nessa toga, nesse suéter.
Seja como for, divertido.
Pobre-diabo.
Uma pessoa de verdade.

Esqueleto de dinossauro

Queridos irmãos,
vemos aqui um exemplo de um erro de proporções:
eis à nossa frente o esqueleto de um dinossauro —

Caros amigos,
à esquerda a cauda se estende numa infinitude
à direita o pescoço se perde noutra —

Prezados companheiros,
no meio quatro patas que se atolaram no lodo
sob um tronco colossal —

Gentis cidadãos,
a natureza não se engana, mas gosta de brincar:
reparem, por favor, nessa cabecinha ridícula —

Senhoras e senhores,
uma cabecinha dessas não poderia prever nada
e por isso é a cabeça de um réptil extinto —

Honorável assembleia,
um cérebro minúsculo, um apetite gigante,
mais sono tolo do que medo sábio —

Ilustres visitantes,
nesse aspecto estamos em bem melhor forma,
a vida é bela e a terra é nossa —

Seletos delegados,
o céu estrelado sobre o caniço pensante,
e nele a lei moral —

Digníssima comissão,
funcionou uma única vez
e talvez só debaixo deste sol —

Conselho superior,
que mãos hábeis,
que boca eloquente,
quanta cabeça nos ombros —

Suprema instância,
quanta responsabilidade no lugar de um rabo —

Impressões do teatro

Para mim, o mais importante na tragédia é o sexto ato:
o ressuscitar dos mortos das cenas de batalha,
o ajeitar das perucas e dos trajes,
a faca arrancada do peito,
a corda tirada do pescoço,
o perfilar-se entre os vivos
de frente para o público.

As reverências individuais e coletivas:
a mão pálida sobre o peito ferido,
as mesuras da suicida
o acenar da cabeça cortada.

As reverências em pares:
a fúria dá o braço à brandura,
a vítima lança um olhar doce ao carrasco,
o rebelde caminha sem rancor ao lado do tirano.

O pisar na eternidade com a ponta da botina dourada.
A moral varrida com a aba do chapéu.
A incorrigível disposição de amanhã começar de novo.

A entrada em fileira dos que morreram muito antes,
nos atos três e quatro, ou nos entreatos.
A volta milagrosa dos que sumiram sem vestígios.

Pensar que, pacientes, esperavam nos bastidores
sem tirar os trajes,
sem remover a maquiagem,
me comove mais que as tiradas da tragédia.

Mas o mais sublime é o baixar da cortina
e o que ainda se avista pela fresta:
aqui uma mão se estende para pegar as flores,
acolá outra apanha a espada caída.
Por fim uma terceira mão, invisível,
cumpre o seu dever:
me aperta a garganta.

Retornos

Voltou. Não disse nada.
Mas estava claro que teve algum desgosto.
Deitou-se vestido.
Cobriu a cabeça com o cobertor.
Encolheu as pernas.
Tem uns quarenta anos, mas não agora.
Existe — mas só como na barriga da mãe
na escuridão protetora, debaixo de sete peles.
Amanhã fará uma palestra sobre a homeostase
na cosmonáutica metagaláctica.
Por ora dorme, todo enroscado.

Discurso na seção de achados e perdidos

Perdi algumas deusas no caminho do sul ao norte,
e também muitos deuses no caminho do oriente ao
                                       [ocidente.
Extinguiram-se para sempre umas estrelas, abra-se o céu.
Uma ilha, depois outra, mergulhou no mar.
Nem sei direito onde deixei minhas garras,
quem veste meu traje de pelo, quem habita minha casca.
Morreram meus irmãos quando rastejei para a terra,
e somente certo ossinho celebra em mim este aniversário.
Eu saía da minha pele, desbaratava vértebras e pernas,
perdia a cabeça muitas e muitas vezes.
Faz muito que fechei meu terceiro olho para isso tudo
Lavei as barbatanas, encolhi os galhos.

Dividiu-se, desapareceu, aos quatro ventos se espalhou.
Surpreende-me quão pouco de mim ficou:
uma pessoa singular, na espécie humana de passagem,
que ainda ontem perdeu somente a sombrinha no trem.

Elogio dos sonhos

Nos sonhos
eu pinto como Vermeer van Delft.

Falo grego fluente
e não só com os vivos.

Dirijo um carro
que me obedece.

Tenho talento,
escrevo grandes poemas.

Escuto vozes
não menos que os mais veneráveis santos.

Vocês se espantariam
com minha performance ao piano.

Flutuo no ar como se deve
isto é, sozinha.

Ao cair do telhado
desço de manso na relva.

Respiro sem problema
debaixo d'água.

Não reclamo:
consegui descobrir a Atlântida.

Fico feliz de sempre poder acordar
pouco antes de morrer.

Assim que começa a guerra
me viro do melhor lado.

Sou, mas não tenho que ser
filha da minha época.

Faz alguns anos
vi dois sóis.

E anteontem um pinguim.
Com toda a clareza.

Sob uma estrela pequenina

Me desculpe o acaso por chamá-lo necessidade.
Me desculpe a necessidade se ainda assim me engano.
Que a felicidade não se ofenda por tomá-la como minha.
Que os mortos me perdoem por luzirem fracamente na
[memória.
Me desculpe o tempo pelo tanto de mundo ignorado por
[segundo.
Me desculpe o amor antigo por sentir o novo como
[primeiro.
Me perdoem, guerras distantes, por trazer flores para casa.
Me perdoem, feridas abertas, por espetar o dedo.
Me desculpem os que clamam das profundezas pelo disco
[de minuetos.
Me desculpe a gente nas estações pelo sono das cinco da
[manhã.
Sinto muito, esperança açulada, se às vezes me rio.
Sinto muito, desertos, se não lhes levo uma colher de água.
E você, falcão, há anos o mesmo, na mesma gaiola,
fitando sem movimento sempre o mesmo ponto,
me absolva, mesmo se você for um pássaro empalhado.
Me desculpe a árvore cortada pelas quatro pernas da mesa.
Me desculpem as grandes perguntas pelas respostas
[pequenas.
Verdade, não me dê excessiva atenção.
Seriedade, me mostre magnanimidade.

Ature, segredo do ser, se eu puxo os fios das suas vestes.
Não me acuse, alma, por tê-la raramente.
Me desculpe tudo, por não poder estar em toda parte.
Me desculpem todos, por não saber ser cada um e cada
[uma.
Sei que, enquanto viver, nada me justifica
já que barro o caminho para mim mesma.
Não me julgue má, fala, por tomar emprestado palavras
[patéticas,
e depois me esforçar para fazê-las parecer leves.

Um grande número

Quatro bilhões de pessoas nesta terra,
e minha imaginação é como era.
Não se dá bem com grandes números.
Continua a comovê-la o singular.
Esvoaça no escuro como a luz da lanterna,
iluminando alguns rostos ao acaso,
enquanto o resto se perde nas trevas
na deslembrança, no desconsolo.
Mas nem Dante captaria mais.
Que dirá quando não se é.
Nem mesmo com a ajuda de todas as musas.

Non omnis moriar — uma aflição prematura.
Mas será que vivo por inteiro e será que isso basta?
Nunca bastou e muito menos agora.
Escolho excluindo porque não há outro jeito,
mas o que rejeito é mais numeroso,
mais denso, mais insistente do que nunca.
À custa de incontáveis perdas — um poeminha, um
[suspiro.
Ao chamado ruidoso respondo com um sussurro.
O quanto silencio, isso não direi.
Um rato ao pé da montanha materna.
A vida dura o tempo de umas marcas de garra na areia.

Meus sonhos — nem eles são como deveriam, habitados.
Neles há mais solidão do que multidões e alarido.
Às vezes aparece por momentos alguém há muito falecido.
Move a maçaneta uma mão solitária.
Expande-se em anexos de ecos a casa vazia.
Corro da soleira até o vale
silencioso, como de ninguém, já anacrônico.

De onde vem em mim ainda este espaço —
não sei.

Agradecimento

Devo muito
aos que não amo.

O alívio de aceitar
que sejam mais próximos de outrem.

A alegria de não ser eu
o lobo de suas ovelhas.

A paz que tenho com eles
e a liberdade com eles,
isso o amor não pode dar
nem consegue tirar.

Não espero por eles
andando da janela à porta.
Paciente
quase como um relógio de sol,
entendo o que o amor não entende,
perdoo,
o que o amor nunca perdoaria.

Do encontro à carta
não se passa uma eternidade,
mas apenas alguns dias ou semanas.

As viagens com eles são sempre um sucesso,
os concertos assistidos,
as catedrais visitadas,
as paisagens claras.

E quando nos separam
sete colinas e rios
são colinas e rios
bem conhecidos dos mapas.

É mérito deles
eu viver em três dimensões,
num espaço sem lírica e sem retórica,
com um horizonte real porque móvel.

Eles próprios não veem
quanto carregam nas mãos vazias.

"Não lhes devo nada" —
diria o amor
sobre essa questão aberta.

A mulher de Lot

Dizem que olhei para trás de curiosa.
Mas quem sabe eu também tinha outras razões.
Olhei para trás de pena pela tigela de prata.
Por distração — amarrando a tira da sandália.
Para não olhar mais para a nuca virtuosa
do meu marido Lot.
Pela súbita certeza de que se eu morresse
ele nem diminuiria o passo.
Pela desobediência dos mansos.
Alerta à perseguição.
Afetada pelo silêncio, na esperança de Deus ter mudado
[de ideia.
Nossas duas filhas já sumiam para lá do cimo do morro.
Senti em mim a velhice. O afastamento.
A futilidade da errância. Sonolência.
Olhei para trás enquanto punha a trouxa no chão.
Olhei para trás por receio de onde pisar.
No meu caminho surgiram serpentes,
aranhas, ratos silvestres e filhotes de abutres.
Já não eram bons nem maus — simplesmente tudo que
[vivia
serpenteava ou pulava em pânico consorte.
Olhei para trás de solidão.
De vergonha de fugir às escondidas.
De vontade de gritar, de voltar.

Ou foi só quando um vento bateu,
despenteou meu cabelo e levantou meu vestido.
Tive a impressão de que me viam dos muros de Sodoma
e caíam na risada, uma vez, outra vez.
Olhei para trás de raiva.
Para me saciar de sua enorme ruína.
Olhei para trás por todas as razões mencionadas acima.
Olhei para trás sem querer.
Foi somente uma rocha que virou, roncando sob meus pés.
Foi uma fenda que de súbito me podou o passo.
Na beira trotava um hamster apoiado nas duas patas.
E foi então que ambos olhamos para trás.
Não, não. Eu continuava correndo,
me arrastava e levantava,
enquanto a escuridão não caiu do céu
e com ela o cascalho ardente e as aves mortas.
Sem poder respirar, rodopiei várias vezes.
Se alguém me visse, por certo acharia que eu dançava.
É concebível que meus olhos estivessem abertos.
É possível que ao cair meu rosto fitasse a cidade.

O terrorista, ele observa

A bomba vai explodir no bar às treze e vinte.
Agora são só treze e dezesseis.
Alguns ainda terão tempo de entrar;
alguns de sair.

O terrorista já passou para o outro lado da rua.
A distância o livra de todo mal
e a vista, bom, é como no cinema:

Uma mulher de jaqueta amarela, ela entra.
Um homem de óculos escuros, ele sai.
Uns jovens de jeans, eles conversam.
Treze e dezessete e quatro segundos.
Aquele mais baixo tem sorte, sai de lambreta,
e aquele mais alto entra.

Treze e dezessete e quarenta segundos.
Uma moça, ela passa de fita verde no cabelo.
Só que aquele ônibus a encobre de repente.

Treze e dezoito.
A moça sumiu.
Se foi tola de entrar ou não
vai se saber quando os carregarem para fora.

Treze e dezenove.
Parece que ninguém mais entra.
Aliás, um gordo careca sai.
Mas remexe os bolsos como se procurasse algo
e às treze e vinte menos dez segundos
ele volta para buscar a droga das luvas.

São treze e vinte.
O tempo, como ele se arrasta.
Deve ser agora.
Ainda não.
É agora.
A bomba, ela explode.

Retrato de mulher

Deve ser para todos os gostos.
Mudar só para que nada mude.
É fácil, impossível, difícil, vale tentar.
Seus olhos são, se preciso, ora azuis, ora cinzentos,
negros, alegres, rasos d'água sem nenhuma razão.
Dorme com ele como a primeira que aparece, a única no
[mundo.
Dá-lhe quatro filhos, nenhum filho, um.
Ingênua, mas a que melhor aconselha.
Fraca, mas aguenta.
Não tem cabeça, pois vai tê-la.
Lê Jaspers e revistas de mulher.
Não entende de parafusos mas constrói uma ponte.
Jovem, como sempre jovem, ainda jovem.
Segura nas mãos um pardalzinho de asa partida
seu próprio dinheiro para uma viagem longa e longínqua
um cutelo para carne, uma compressa, um cálice de vodca.
Corre para onde, não está cansada.
Claro que não, só um pouco, muito, não importa.
Ou ela o ama ou é teimosa.
Para o bem, para o mal e para o que der e vier.

O quarto do suicida

Vocês devem achar que o quarto estava vazio.
Pois havia ali três cadeiras de encosto firme.
Uma boa lâmpada contra a escuridão.
Uma mesinha, e sobre a mesinha uma carteira, jornais.
Um Buda alegre, um Jesus aflito.
Sete elefantes para dar sorte, e na gaveta um caderninho.
Vocês acham que nele não estavam nossos endereços?

Acham que faltavam livros, quadros ou discos?
Pois lá estava o trompete consolador nas mãos negras.
Saskia com uma flor cordial.
Alegria, centelha divina.
Na estante Ulisses num sono reparador
depois dos esforços do Canto Cinco.
Os moralistas,
seus nomes inscritos em letras douradas
nas lindas lombadas de couro.
Ao lado, também os políticos perfilados.

Não parecia que o quarto fosse
sem saída, pelo menos pela porta,
nem sem vista, pelo menos pela janela.
Os óculos para longe largados no parapeito.
Uma mosca zunindo, ou seja, ainda viva.

Devem achar que ao menos a carta explicasse algo.
E se eu lhes disser que não havia carta —
éramos tantos os amigos e coubemos todos
no envelope vazio apoiado no lado do copo.

A vida na hora

A vida na hora.
Cena sem ensaio.
Corpo sem medida.
Cabeça sem reflexão.

Não sei o papel que desempenho.
Só sei que é meu, impermutável.

De que trata a peça
devo adivinhar já em cena.

Despreparada para a honra de viver,
mal posso manter o ritmo que a peça impõe.
Improviso embora me repugne a improvisação.
Tropeço a cada passo no desconhecimento das coisas.
Meu jeito de ser cheira a província.
Meus instintos são amadorismo.
O pavor do palco, me explicando, é tanto mais humilhante.
As circunstâncias atenuantes me parecem cruéis.

Não dá para retirar as palavras e os reflexos,
inacabada a contagem das estrelas,
o caráter como o casaco às pressas abotoado —
eis os efeitos deploráveis desta urgência.

Se eu pudesse ao menos praticar uma quarta-feira antes
ou ao menos repetir uma quinta-feira outra vez!
Mas já se avizinha a sexta com um roteiro que não
                                                                       [conheço.
Isso é justo — pergunto
(com a voz rouca
porque nem sequer me foi dado pigarrear nos bastidores).

É ilusório pensar que esta é só uma prova rápida
feita em acomodações provisórias. Não.
De pé em meio à cena vejo como é sólida.
Me impressiona a precisão de cada acessório.
O palco giratório já opera há muito tempo.
Acenderam-se até as mais longínquas nebulosas.
Ah, não tenho dúvida de que é uma estreia.
E o que quer que eu faça,
vai se transformar para sempre naquilo que fiz.

Utopia

Ilha onde tudo se esclarece.

Aqui se pode pisar no sólido solo das provas.

Não há estradas senão as de chegada.

Os arbustos até vergam sob o peso das respostas.

Cresce aqui a árvore da Suposição Justa
de galhos desenredados desde antanho.

A árvore do Entendimento, fascinantemente simples
junto à fonte que se chama Ah, Então É Isso.

Quanto mais denso o bosque, mais larga a vista
do Vale da Evidência.

Se há alguma dúvida, o vento a dispersa.

O eco toma a palavra sem ser chamado
e de bom grado desvenda os segredos dos mundos.

Do lado direito uma caverna onde mora o sentido.

Do lado esquerdo o lago da Convicção Profunda.
A verdade surge do fundo e suave vem à tona.

Domina o vale a Inabalável Certeza.
Do seu cume se descortina a Essência das Coisas.

Apesar dos encantos a ilha é deserta
e as pegadas miúdas vistas ao longo das praias
se voltam sem exceção para o mar.

Como se daqui só se saísse
e sem voltar se submergisse nas profundezas.

Na vida imponderável.

Excesso

Foi descoberta uma nova estrela,
o que não significa que ficou mais claro
nem que chegou algo que faltava.

A estrela é grande e longínqua,
tão longínqua que é pequena,
menor até que outras
muito menores que ela.
A estranheza não teria aqui nada de estranho
se ao menos tivéssemos tempo para ela.

A idade da estrela, a massa da estrela, a posição da estrela,
tudo isso quiçá seja suficiente
para uma tese de doutorado
e uma modesta taça de vinho
nos círculos aproximados do céu:
o astrônomo, sua mulher, os parentes e os colegas,
ambiente informal, traje casual,
predominam na conversa os temas locais
e mastiga-se amendoim.

A estrela é extraordinária,
mas isso ainda não é razão
para não beber à saúde das nossas senhoras
incomparavelmente mais próximas.

A estrela não tem consequência.
Não influi no clima, na moda, no resultado do jogo,
na mudança de governo, na renda e na crise de valores.

Não tem efeito na propaganda nem na indústria pesada.
Não tem reflexo no verniz da mesa de conferência.
Excedente em face dos dias contados da vida.

Pois o que há para perguntar,
sob quantas estrelas um homem nasce,
e sob quantas logo em seguida morre.

Nova.
— Ao menos me mostre onde ela está.
— Entre o contorno daquela nuvenzinha parda esgarçada
e aquele galhinho de acácia mais à esquerda.
— Ah — exclamo.

Paisagem com grão de areia

Nós o chamamos de grão de areia.
Mas ele mesmo não se chama de grão, nem de areia.
Dispensa um nome
geral, particular
passageiro, permanente,
errado ou apropriado.

De nada lhe serve nosso olhar, nosso toque.
Não se sente olhado nem tocado.
E ter caído no parapeito da janela
é uma aventura nossa, não dele.
Para ele é o mesmo que cair em qualquer coisa
sem a certeza de já ter caído,
ou de ainda estar caindo.

Da janela há uma bela vista para o lago,
mas a vista não vê a si mesma.
Existe neste mundo
sem cor e sem forma,
sem som, sem cheiro, sem dor.

Sem fundo o fundo do lago
e sem margem as suas margens.
Nem molhada nem seca a sua água.
Nem singular nem plural a onda

que murmureja surda ao seu próprio murmúrio
ao redor de pedras nem grandes nem pequenas.

E tudo isso sob um céu por natureza inceleste,
no qual o sol se põe na verdade não se pondo
e se oculta não se ocultando atrás de uma nuvem
                                                     [insciente.
O vento a varre sem outra razão
que a de ventar.

Passa um segundo.
Dois segundos.
Três segundos.
Mas são três segundos somente nossos.

O tempo correu como um mensageiro com notícias
                                                     [urgentes.
Mas isso é só um símile nosso.
Uma personagem inventada, a sua pressa imposta
e a notícia inumana.

A curta vida dos nossos antepassados

Não eram muitos os que passavam dos trinta.
A velhice era privilégio das pedras e das árvores.
A infância durava tanto quanto a dos filhotes dos lobos.
Era preciso se apressar, dar conta da vida
antes que o sol se pusesse,
antes que a primeira neve caísse.

Meninas de treze anos gerando filhos,
meninos de quatro rastreando ninhos de pássaros na moita,
jovens de vinte servindo de guias nas caçadas —
ainda há pouco não existiam, já não existem.
Os fins da infinitude rápido se juntavam.
As bruxas ruminavam maldições
ainda com todos os dentes da mocidade.
Sob os olhos do pai o filho se tornava homem.
Sob as órbitas do avô nascia o neto.

De todo modo, não contavam os anos.
Contavam as redes, os tachos, os ranchos, os machados.
O tempo, tão generoso para qualquer estrela no céu,
estendia-lhes a mão quase vazia
e a retirava rápido, como se tivesse pena.
Mais um passo, mais dois
ao longo de um rio brilhante,
que da treva emerge e na treva some.

Não havia nem um instante a perder,
perguntas a postergar e iluminações tardias
a não ser as que tivessem sido antes experimentadas.
A sabedoria não podia esperar os cabelos brancos.
Tinha que ver claro, antes que a claridade chegasse,
e ouvir toda voz, antes que ela se propagasse.

O bem e o mal —
dele sabiam pouco, porém tudo:
quando o mal triunfa, o bem se esconde;
quando o bem aparece, o mal fica de tocaia.
Nem um nem outro se pode vencer
nem colocar a uma distância sem volta.
Por isso se há alegria, é com um misto de aflição,
se há desespero, nunca é sem um fio de esperança.
A vida, mesmo se longa, sempre será curta.
Curta demais para se acrescentar algo.

Primeira foto de Hitler

E quem é essa gracinha de tiptop?
É o Adolfinho, filho do casal Hitler!
Será que vai se tornar um doutor em direito?
Ou um tenor da ópera de Viena?
De quem é essa mãozinha, essa orelhinha, esse olhinho,
                                            [esse narizinho?
De quem é essa barriguinha cheia de leite, ainda não se
                                                    [sabe:
de um tipógrafo, padre, médico, mercador?
Quais caminhos percorrerão estas pernocas, quais?
Irão para o jardinzinho, a escola, o escritório, o casório
com a filha do prefeito?

Anjinho, pimpolho, docinho de coco, raiozinho de sol,
quando chegou ao mundo um ano atrás,
não faltaram sinais na terra nem no céu:
gerânios na janela, um sol primaveril,
a música de um realejo no portão,
votos de bom augúrio envoltos em papel crepom rosa,
pouco antes do parto, o sonho profético da mãe:
sonhar com uma pomba — sinal de boas-novas,
se for pega — vem uma visita muito esperada.
Toc, toc, quem é, é o coraçãozinho do Adolfinho que bate.

Fralda, babador, chupeta, chocalho,
o menino, com a graça de Deus e bate na madeira, é sadio,
parecido com os pais, com um gatinho no cesto,
com os bebês de todos os outros álbuns de família.
Não, não vai chorar agora,
o fotógrafo atrás do pano preto vai fazer um clique.

Ateliê Klinger, Grabenstrasse Braunau,
e Braunau é uma cidade pequena mas respeitável,
firmas sólidas, vizinhos honestos,
cheiro de massa de pão e de sabão cinzento.
Não se ouve o ladrar dos cães nem os passos do destino.
Um professor de história afrouxa o colarinho
e boceja sobre os cadernos.

Ocaso do século

Era para ter sido melhor que os outros o nosso século xx.
Agora já não tem mais jeito,
os anos estão contados,
os passos vacilantes,
a respiração curta.

Coisas demais aconteceram,
que não eram para acontecer,
e o que era para ter sido
não foi.

Era para se chegar à primavera
e à felicidade, entre outras coisas.

Era para o medo deixar os vales e as montanhas.
Era para a verdade atingir o objetivo
mais depressa que a mentira.

Era para já não mais ocorrerem
algumas desgraças:
a guerra por exemplo,
e a fome e assim por diante.

Era para ter sido levada a sério
a fraqueza dos indefesos,
a confiança e similares.

Quem quis se alegrar com o mundo
depara com uma tarefa
de execução impossível.

A burrice não é cômica.
A sabedoria não é alegre.
A esperança
já não é aquela bela jovem
et cetera, infelizmente.

Era para Deus finalmente crer no homem
bom e forte
mas bom e forte
são ainda duas pessoas.

Como viver — me perguntou alguém numa carta,
a quem eu pretendia fazer
a mesma pergunta.

De novo e como sempre,
como se vê acima,
não há perguntas mais urgentes
do que as perguntas ingênuas.

Filhos da época

Somos filhos da época
e a época é política.

Todas as tuas, nossas, vossas coisas
diurnas e noturnas,
são coisas políticas.

Querendo ou não querendo,
teus genes têm um passado político,
tua pele, um matiz político,
teus olhos, um aspecto político.

O que você diz tem ressonância,
o que silencia tem um eco
de um jeito ou de outro político.

Até caminhando e cantando a canção
você dá passos políticos
sobre um solo político.

Versos apolíticos também são políticos,
e no alto a lua ilumina
com um brilho já pouco lunar.
Ser ou não ser, eis a questão.

Qual questão, me dirão.
Uma questão política.

Não precisa nem mesmo ser gente
para ter significado político.
Basta ser petróleo bruto,
ração concentrada ou matéria reciclável.
Ou mesa de conferência cuja forma
se discutia por meses a fio:
deve-se arbitrar sobre a vida e a morte
numa mesa redonda ou quadrada.

Enquanto isso matavam-se os homens,
morriam os animais,
ardiam as casas,
ficavam ermos os campos,
como em épocas passadas
e menos políticas.

Torturas

Nada mudou.
O corpo sente dor,
necessita comer, respirar e dormir,
tem a pele tenra e logo abaixo sangue,
tem uma boa reserva de unhas e dentes,
ossos frágeis, juntas alongáveis.
Nas torturas leva-se tudo isso em conta.

Nada mudou.
Treme o corpo como tremia
antes de se fundar Roma e depois de fundada,
no século xx antes e depois de Cristo,
as torturas são como eram, só a terra encolheu
e o que quer que se passe parece ser na porta ao lado.

Nada mudou.
Só chegou mais gente,
e às velhas culpas se juntaram novas,
reais, impostas, momentâneas, inexistentes,
mas o grito com que o corpo responde por elas
foi, é e será o grito da inocência
segundo escala e registro sempiternos.

Nada mudou.
Exceto talvez os modos, as cerimônias, as danças.

O gesto da mão protegendo o rosto,
esse permaneceu o mesmo.
O corpo se enrosca, se debate, se contorce,
cai se lhe falta o chão, encolhe as pernas,
fica roxo, incha, baba e sangra.

Nada mudou.
Além do curso dos rios,
do contorno das costas, matas, desertos e geleiras.
Entre essas paisagens a pequena alma passeia,
some, volta, chega perto, voa longe,
estranha a si própria, inatingível,
ora certa, ora incerta da sua existência,
enquanto o corpo é, é, é
e não tem para onde ir.

Escrevendo um currículo

O que é preciso?
É preciso fazer um requerimento
e ao requerimento anexar um currículo.

O currículo tem que ser curto
mesmo que a vida seja longa.

Obrigatória a concisão e seleção dos fatos.
Trocam-se as paisagens pelos endereços
e a memória vacilante pelas datas imóveis.

De todos os amores basta o casamento,
e dos filhos só os nascidos.

Melhor quem te conhece do que o teu conhecido.
Viagens só se for para fora.
Associações a quê, mas sem por quê.
Distinções sem a razão.

Escreva como se nunca falasse consigo
e se mantivesse à distância.

Passe ao largo de cães, gatos e pássaros,
de trastes empoeirados, amigos e sonhos.

Antes o preço que o valor
e o título que o conteúdo.
Antes o número do sapato que aonde vai,
esse por quem você se passa.

Acrescente uma foto com a orelha de fora.
O que conta é o seu formato, não o que se ouve.
O que se ouve?
O matraquear das máquinas picotando papel.

Funeral

"tão de repente, quem podia adivinhar"
"nervos e cigarro, eu bem que avisei"
"mais ou menos, obrigado"
"desembrulhe essas flores"
"o irmão também foi do coração, deve ser de família"
"com essa barba eu nunca ia reconhecer você"
"a culpa é dele, estava sempre metido em alguma"
"aquele novo ia fazer o discurso, não consigo encontrar ele"
"O Kazek está em Varsóvia, o Tadek no exterior"
"só você foi esperta, trouxe o guarda-chuva"
"e daí que era o mais talentoso deles"
"um quarto de passagem, a Baśka não vai concordar"
"claro que ele tinha razão, mas isso ainda não é motivo"
"com uma portinha esmaltada, adivinha quanto"
"duas gemas, uma colherinha de açúcar"
"não era da conta dele, pra que isso"
"só azuis e só números pequenos"
"cinco vezes, e nenhuma resposta"
"que seja, eu podia, mas você também podia"
"ainda bem que pelo menos ela tinha esse cargo"
"não, não sei, talvez parentes"
"o padre é a cara do Belmondo"
"ainda não estive nesta parte do cemitério"
"sonhei com ele faz uma semana, foi um pressentimento"
"não é feia a filha"

"é o que nos espera a todos"
"deem pêsames à viúva por mim, tenho que correr para"
"no entanto em latim soava mais solene"
"foi-se, acabou-se"
"adeus, minha senhora"
"que tal uma cerveja"
"me ligue, a gente se fala"
"o número quatro ou o doze"
"vou pra cá"
"nós pra lá"

Opinião sobre a pornografia

Não há devassidão maior que o pensamento.
Essa diabrura prolifera como erva daninha
num canteiro demarcado para margaridas.

Para aqueles que pensam, nada é sagrado.
O topete de chamar as coisas pelos nomes,
a dissolução da análise, a impudicícia da síntese,
a perseguição selvagem e debochada dos fatos nus,
o tatear indecente de temas delicados,
a desova das ideias — é disso que eles gostam.

À luz do dia ou na escuridão da noite
se juntam aos pares, triângulos e círculos.
Pouco importa ali o sexo e a idade dos parceiros.
Seus olhos brilham, as faces queimam.
Um amigo desvirtua o outro.
Filhas depravadas degeneram o pai.
O irmão leva a irmã mais nova para o mau caminho.

Preferem o sabor de outros frutos
da árvore proibida do conhecimento
do que os traseiros rosados das revistas ilustradas,
toda essa pornografia na verdade simplória.
Os livros que os divertem não têm figuras.

A única variedade são certas frases
marcadas com a unha ou com o lápis.

É chocante em que posições,
com que escandalosa simplicidade
um intelecto emprenha o outro!
Tais posições nem o Kamasutra conhece.

Durante esses encontros só o chá ferve.
As pessoas sentam nas cadeiras, movem os lábios.
Cada qual coloca sua própria perna uma sobre a outra.
Dessa maneira um pé toca o chão,
o outro balança livremente no ar.
Só de vez em quando alguém se levanta,
se aproxima da janela
e pela fresta da cortina
espia a rua.

Possibilidades

Prefiro o cinema.
Prefiro os gatos.
Prefiro os carvalhos sobre o Warta.
Prefiro Dickens a Dostoiévski.
Prefiro-me gostando das pessoas
do que amando a humanidade.
Prefiro ter agulha e linha à mão.
Prefiro a cor verde.
Prefiro não achar
que a razão é culpada de tudo.
Prefiro as exceções.
Prefiro sair mais cedo.
Prefiro conversar sobre outra coisa com os médicos.
Prefiro as velhas ilustrações listradas.
Prefiro o ridículo de escrever poemas
ao ridículo de não escrevê-los.
Prefiro, no amor, os aniversários não marcados,
para celebrá-los todos os dias.
Prefiro os moralistas
que nada me prometem.
Prefiro a bondade astuta à confiante demais.
Prefiro a terra à paisana.
Prefiro os países conquistados aos conquistadores.
Prefiro guardar certa reserva.
Prefiro o inferno do caos ao inferno da ordem.

Prefiro os contos de Grimm às manchetes dos jornais.
Prefiro as folhas sem flores às flores sem folhas.
Prefiro os cães sem a cauda cortada.
Prefiro os olhos claros porque os tenho escuros.
Prefiro as gavetas.
Prefiro muitas coisas que não mencionei aqui
a muitas outras também não mencionadas.
Prefiro os zeros soltos
do que postos em fila para formar cifras.
Prefiro o tempo dos insetos ao das estrelas.
Prefiro bater na madeira.
Prefiro não perguntar quanto tempo ainda e quando.
Prefiro ponderar a própria possibilidade
do ser ter sua razão.

Gente na ponte

Estranho planeta e nele essa gente estranha.
Sujeita ao tempo, não o reconhece.
Tem seu jeito de expressar seu desagrado.
Faz pequenas pinturas assim como esta:

Nada especial à primeira vista.
Vê-se a água.
Vê-se uma das suas margens.
Vê-se uma canoa forçando seu curso contra a corrente.
Vê-se uma ponte sobre a água e vê-se gente na ponte.
Essa gente claramente apressa o passo,
porque de uma nuvem escura
começou a cair uma bruta chuva.

A questão é que ali nada mais acontece.
A nuvem não muda a cor nem a forma.
A chuva nem aumenta nem cessa.
A canoa navega sem se mover.
A gente na ponte corre
no mesmo lugar de ainda há pouco.

É difícil passar sem um comentário:
Esse não é de modo algum um quadro inocente.
Aqui o tempo foi suspenso.
Deixou-se de levar em conta suas leis.

Foi privado da influência no curso dos eventos.
Foi desrespeitado e insultado.

Por causa de um rebelde
um tal Hiroshige Utagawa,
(um ser que por sinal,
como sói acontecer, faz muito que se foi),
o tempo tropeçou e caiu.

Talvez seja só uma simples brincadeira,
uma travessura na escala de um par de galáxias,
em todo caso porém
acrescentemos o seguinte:

Tem sido de bom-tom há gerações
ter a obra em alta conta,
deslumbrar-se e comover-se com ela.

Tem aqueles para quem nem isso basta.
Ouvem até o barulho da chuva,
sentem as gotas frias no pescoço e nas costas,
olham a ponte e as pessoas,
como se lá também se vissem,
na mesma corrida que nunca termina
na estrada sem fim, eternamente à frente
e acreditam, na sua desfaçatez,
que de fato é assim.

Alguns gostam de poesia

Alguns —
ou seja nem todos.
Nem mesmo a maioria de todos, mas a minoria.
Sem contar a escola onde é obrigatório
e os próprios poetas
seriam talvez uns dois em mil.

Gostam —
mas também se gosta de canja de galinha,
gosta-se de galanteios e da cor azul,
gosta-se de um xale velho,
gosta-se de fazer o que se tem vontade
gosta-se de afagar um cão.

De poesia —
mas o que é isso, poesia.
Muita resposta vaga
já foi dada a essa pergunta.
Pois eu não sei e não sei e me agarro a isso
como a uma tábua de salvação.

Fim e começo

Depois de cada guerra
alguém tem que fazer a faxina.
Colocar uma certa ordem
que afinal não se faz sozinha.

Alguém tem que jogar o entulho
para o lado da estrada
para que possam passar
os carros carregando os corpos.

Alguém tem que se atolar
no lodo e nas cinzas
em molas de sofás
em cacos de vidro
e em trapos ensanguentados.

Alguém tem que arrastar a viga
para apoiar a parede,
pôr a porta nos caixilhos,
envidraçar a janela.

A cena não rende foto
e leva anos.
E todas as câmeras já debandaram
para outra guerra.

As pontes têm que ser refeitas,
e também as estações.
De tanto arregaçá-las,
as mangas ficarão em farrapos.

Alguém de vassoura na mão
ainda recorda como foi.
Alguém escuta
meneando a cabeça que se safou.
Mas ao seu redor
já começam a rondar
os que acham tudo muito chato.

Às vezes alguém desenterra
de sob um arbusto
velhos argumentos enferrujados
e os arrasta para o lixão.

Os que sabiam
o que aqui se passou
devem dar lugar àqueles
que pouco sabem.
Ou menos que pouco.
E por fim nada mais que nada.

Na relva que cobriu
as causas e os efeitos
alguém deve se deitar
com um capim entre os dentes
e namorar as nuvens.

Gato num apartamento vazio

Morrer — isso não se faz a um gato.
Pois o que há de fazer um gato
num apartamento vazio.
Trepar pelas paredes.
Esfregar-se nos móveis.
Nada aqui parece mudado
e no entanto algo mudou.
Nada parece mexido
e no entanto está diferente.
E à noite a lâmpada já não se acende.

Ouvem-se passos na escada
mas não são aqueles.
A mão que põe o peixe no pratinho
também já não é a mesma.

Algo aqui não começa
na hora costumeira.
Algo não acontece
como deve.
Alguém esteve aqui e esteve,
e de repente desapareceu
e teima em não aparecer.

Cada armário foi vasculhado.
As prateleiras percorridas.
Explorações sob o tapete nada mostraram.
Até uma regra foi quebrada
e os papéis remexidos.
Que mais se pode fazer.
Dormir e esperar.

Espera só ele voltar,
espera ele aparecer.
Vai aprender
que isso não se faz a um gato.
Para junto dele
como quem não quer nada
devagarinho,
sobre patas muito ofendidas.
E nada de pular miar no princípio.

Amor à primeira vista

Ambos estão certos
de que uma paixão súbita os uniu.
É bela essa certeza,
mas é ainda mais bela a incerteza.

Acham que por não terem se encontrado antes
nunca havia se passado nada entre eles.
Mas e as ruas, escadas, corredores
nos quais há muito talvez se tenham cruzado?

Queria lhes perguntar,
se não se lembram —
numa porta giratória talvez
algum dia face a face?
um "desculpe" em meio à multidão?
uma voz que diz "é engano" ao telefone?
— mas conheço a resposta.
Não, não se lembram.

Muito os espantaria saber
que já faz tempo
o acaso brincava com eles.

Ainda não de todo preparado
para se transformar no seu destino

juntava-os e os separava
barrava-lhes o caminho
e abafando o riso
sumia de cena.

Houve marcas, sinais,
que importa se ilegíveis.
Quem sabe três anos atrás
ou terça-feira passada
uma certa folhinha voou
de um ombro ao outro?
Algo foi perdido e recolhido.
Quem sabe se não foi uma bola
nos arbustos da infância?

Houve maçanetas e campainhas
onde a seu tempo
um toque se sobrepunha ao outro.
As malas lado a lado no bagageiro.
Quem sabe numa noite o mesmo sonho
que logo ao despertar se esvaneceu.

Porque afinal cada começo
é só continuação
e o livro dos eventos
está sempre aberto no meio.

Comediazinhas

Se existem anjos
acho que não leem
nossos romances
sobre esperanças frustradas.

Receio que — infelizmente —
nem os nossos versos
reclamando do mundo.

Os espasmos e os gritos
de nossas peças teatrais
devem — suspeito —
impacientá-los.

No intervalo de seus afazeres
angélicos, isto é, não humanos,
assistem antes
às nossas comediazinhas
do tempo do cinema mudo.

Aos que se lamentam,
rasgam as vestes
e rangem os dentes,
preferem — penso eu —
aquele pobre-diabo

que agarra o que se afoga pela peruca
ou faminto devora
o cordão do sapato.

Acima da cintura peitilho e pretensão,
abaixo um camundongo assustado
na perna da calça.
Ó sim,
isso é que é diversão de verdade.

A perseguição em círculos
vira fuga à frente do que foge.
A luz no fim do túnel
se transforma num olho de tigre.
Cem catástrofes
são cem alegres piruetas
sobre cem precipícios.

Se existem anjos,
deveriam — assim espero —
estar convencidos
dessa alegria que oscila no terror
e nem sequer grita socorro socorro
porque tudo se passa em silêncio.

Ouso até imaginar
que aplaudem com as asas
e que de seus olhos caem lágrimas
pelo menos de riso.

Entre muitos

Sou quem sou.
Inconcebível acaso
como todos os acasos.

Fossem outros
os meus antepassados
e de outro ninho
eu voaria
ou de sob outro tronco
coberta de escamas eu rastejaria.

No guarda-roupa da natureza
há trajes de sobra.
O traje da aranha, da gaivota, do rato do campo.
Cada um cai como uma luva
e é usado sem reclamar
até se gastar.

Eu também não tive escolha
mas não me queixo.
Poderia ter sido alguém
muito menos individual.
Alguém do formigueiro, do cardume, zunindo no enxame,
uma fatia de paisagem fustigada pelo vento.

Alguém muito menos feliz,
criado para uso da pele,
para a mesa da festa,
algo que nada debaixo da lente.

Uma árvore presa à terra
da qual se aproxima o fogo.

Uma palha esmagada
pela marcha de inconcebíveis eventos.

Um sujeito com uma negra sina
que para os outros se ilumina.

E se eu despertasse nas pessoas o medo,
ou só aversão,
ou só pena?

Se eu não tivesse nascido
na tribo adequada
e diante de mim se fechassem os caminhos?

A sorte até agora
me tem sido favorável.

Poderia não me ser dada
a lembrança dos bons momentos.

Poderia me ser tirada
a propensão para comparações.

Poderia ser eu mesma — mas sem o espanto,
e isso significaria
alguém totalmente diferente.

Nuvens

Para descrever as nuvens
eu necessitaria ser muito rápida —
numa fração de segundo
deixam de ser estas, tornam-se outras.

É próprio delas
não se repetir nunca
nas formas, matizes, poses e composição.

Sem o peso de nenhuma lembrança
flutuam sem esforço sobre os fatos.

Elas lá podem ser testemunhas de alguma coisa —
logo se dispersam para todos os lados.

Comparada com as nuvens
a vida parece muito sólida,
quase perene, praticamente eterna.

Perante as nuvens
até a pedra parece uma irmã
em quem se pode confiar,
já elas — são primas distantes e inconstantes.

Que as pessoas vivam, se quiserem,
e em sequência que cada uma morra,
as nuvens nada têm a ver
com toda essa coisa
muito estranha.

Sobre a tua vida inteira
e a minha, ainda incompleta,
elas passam pomposas como sempre passaram.

Não têm obrigação de conosco findar.
Não precisam ser vistas para navegar.

Certa gente

Certa gente fugindo de outra gente.
Em certo país sob o sol
e algumas nuvens.

Deixam para trás certo tudo o que é seu,
campos semeados, umas galinhas, cães,
espelhos nos quais agora se fita o fogo.

Trazem às costas trouxas e potes
quanto mais vazios tanto mais pesados a cada dia.

No silêncio alguém cai de exaustão,
na algazarra alguém rouba de alguém o pão
e o filho morto de alguém é sacudido.

À sua frente uma estrada sempre errada,
uma ponte, mas não a de que precisam,
sobre um rio curiosamente rosado.
Ao redor uns disparos, ora mais perto, ora mais longe,
no alto um avião meio rodopiante.

Viria a calhar certa invisibilidade,
uma parda rochosidade
ou melhor ainda a inexistência
por um tempo breve ou mesmo longo.

Algo ainda vai acontecer, mas onde e o quê.
Alguém vai lhes barrar o caminho, mas quando, quem,
em quantas formas e com que intenções.
Se tiver escolha,
talvez não queira ser inimigo
e os deixe com alguma vida.

As três palavras mais estranhas

Quando pronuncio a palavra Futuro,
a primeira sílaba já se perde no passado.

Quando pronuncio a palavra Silêncio,
suprimo-o.

Quando pronuncio a palavra Nada,
crio algo que não cabe em nenhum não ser.

POEMAS ORIGINAIS EM POLONÊS

Obmyślam świat

Obmyślam świat, wydanie drugie,
wydanie drugie, poprawione,
idiotom na śmiech,
melancholikom na płacz,
łysym na grzebień,
psom na buty.

Oto rozdział:
Mowa Zwierząt i Roślin,
gdzie przy każdym gatunku
masz słownik odnośny.
Nawet proste dzień dobry
wymienione z rybą
ciebie, rybę i wszystkich
przy życiu umocni.

Ta, dawno przeczuwana,
nagle w jawie słów
improwizacja lasu!
Ta epika sów!
Te aforyzmy jeża
układane, gdy
jesteśmy przekonani,
że nic, tylko śpi!

Czas (rozdział drugi)
ma prawo do wtrącania się
we wszystko czy złe, czy dobre.
Jednakże — ten, co kruszy góry,
oceany przesuwa i który
obecny jest przy gwiazd krążeniu,

nie będzie mieć najmniejszej władzy
nad kochankami, bo zbyt nadzy,
bo zbyt objęci, z nastroszoną
duszą jak wróblem na ramieniu.

Starość to tylko morał
przy życiu zbrodniarza.
Ach, więc wszyscy są młodzi!
Cierpienie (rozdział trzeci)
ciała nie znieważa.
Śmierć,
kiedy śpisz, przychodzi.

A śnić będziesz,
że wcale nie trzeba oddychać,
że cisza bez oddechu
to niezła muzyka,
jesteś mały jak iskra
i gaśniesz do taktu.

Śmierć tylko taka. Bólu więcej
miałeś trzymając róże w ręce
i większe czułeś przerażenie
widząc, że płatek spadł na ziemię.

Świat tylko taki. Tylko tak
żyć. I umierać tylko tyle.
A wszystko inne — jest jak Bach
chwilowo grany
na pile.

Dwie małpy Bruegla

Tak wygląda mój wielki maturalny sen:
siedzą w oknie dwie małpy przykute łańcuchem,
za oknem fruwa niebo
i kąpie się morze.

Zdaję z historii ludzi.
Jąkam się i brnę.

Małpa wpatrzona we mnie, ironicznie słucha,
druga niby to drzemie —
a kiedy po pytaniu nastaje milczenie,
podpowiada mi
cichym brząkaniem łańcucha.

Muzeum

Są talerze, ale nie ma apetytu.
Są obrączki, ale nie ma wzajemności
od co najmniej trzystu lat.

Jest wachlarz — gdzie rumieńce?
Są miecze — gdzie gniew?
I lutnia ani brzęknie o szarej godzinie.

Z braku wieczności zgromadzono
dziesięć tysięcy starych rzeczy.
Omszały woźny drzemie słodko
zwiesiwszy wąsy nad gablotką.

Metale, glina, piórko ptasie
cichutko tryumfują w czasie.
Chichocze tylko szpilka po śmieszce z Egiptu.

Korona przeczekała głowę.
Przegrała dłoń do rękawicy.
Zwyciężył prawy but nad nogą.

Co do mnie, żyję, proszę wierzyć.
Mój wyścig z suknią nadal trwa.
A jaki ona upór ma!
A jakby ona chciała przeżyć!

Wieczór autorski

Muzo, nie być bokserem to jest nie być wcale.
Ryczącej publiczności poskąpiłaś nam.
Dwanaście osób jest na sali,
już czas, żebyśmy zaczynali.
Połowa przyszła, bo deszcz pada,
reszta to krewni. Muzo.

Kobiety rade zemdleć w ten jesienny wieczór,
zrobią to, ale tylko na bokserskim meczu.
Dantejskie sceny tylko tam.
I wniebobranie. Muzo.

Nie być bokserem, być poetą,
mieć wyrok skazujący na ciężkie norwidy,
z braku muskulatury demonstrować światu
przyszłą lekturę szkolną — w najszczęśliwszym razie —

o Muzo. O Pegazie,
aniele koński.

W pierwszym rządku staruszek słodko śni,
że mu żona nieboszczka z grobu wstała i
upiecze staruszkowi placek ze śliwkami.
Z ogniem, ale niewielkim, bo placek się spali,
zaczynamy czytanie. Muzo.

Rozmowa z kamieniem

Pukam do drzwi kamienia.
— To ja, wpuść mnie.
Chcę wejść do twego wnętrza,
rozejrzeć się dokoła,
nabrać ciebie jak tchu.

— Odejdź — mówi kamień. —
Jestem szczelnie zamknięty.
Nawet rozbite na części
będziemy szczelnie zamknięte.
Nawet starte na piasek
nie wpuścimy nikogo.

Pukam do drzwi kamienia.
— To ja, wpuść mnie.
Przychodzę z ciekawości czystej.
Życie jest dla mnie jedyną okazją.
Zamierzam przejść się po twoim pałacu,
a potem jeszcze zwiedzić liść i kroplę wody.
Niewiele czasu na to wszystko mam.
Moja śmiertelność powinna cię wzruszyć.

— Jestem z kamienia — mówi kamień —
i z konieczności muszę zachować powagę.
Odejdź stąd.
Nie mam mięśni śmiechu.

Pukam do drzwi kamienia.
— To ja, wpuść mnie.
Słyszałam, że są w tobie wielkie puste sale,
nie oglądane, piękne nadaremnie,
głuche, bez echa czyichkolwiek kroków.
Przyznaj, że sam niedużo o tym wiesz.

— Wielkie i puste sale — mówi kamień —
ale w nich miejsca nie ma.
Piękne, być może, ale poza gustem
twoich ubogich zmysłów.
Możesz mnie poznać, nie zaznasz mnie nigdy.
Całą powierzchnią zwracam się ku tobie,
a całym wnętrzem leżę odwrócony.

Pukam do drzwi kamienia.
— To ja, wpuść mnie.
Nie szukam w tobie przytułku na wieczność.
Nie jestem nieszczęśliwa.
Nie jestem bezdomna.
Mój świat jest wart powrotu.
Wejdę i wyjdę z pustymi rękami.
A na dowód, że byłam prawdziwie obecna,
nie przedstawię niczego prócz słów,
którym nikt nie da wiary.

— Nie wejdziesz — mówi kamień. —
Brak ci zmysłu udziału.
Żaden zmysł nie zastąpi ci zmysłu udziału.
Nawet wzrok wyostrzony aż do wszechwidzenia
nie przyda ci się na nic bez zmysłu udziału.
Nie wejdziesz, masz zaledwie zamysł tego zmysłu,
ledwie jego zawiązek, wyobraźnię.

Pukam do drzwi kamienia.
— To ja, wpuść mnie.
Nie mogę czekać dwóch tysięcy wieków
na wejście pod twój dach.

— Jeżeli mi nie wierzysz — mówi kamień —
zwróć się do liścia, powie to, co ja.
Do kropli wody, powie to, co liść.
Na koniec spytaj włosa z własnej głowy.
Śmiech mnie rozpiera, śmiech, olbrzymi śmiech,
którym śmiać się nie umiem.

Pukam do drzwi kamienia.
— To ja, wpuść mnie.

— Nie mam drzwi — mówi kamień.

Radość pisania

Dokąd biegnie ta napisana sarna przez napisany las?
Czy z napisanej wody pić,
która jej pyszczek odbije jak kalka?
Dlaczego łeb podnosi, czy coś słyszy?
Na pożyczonych z prawdy czterech nóżkach wsparta

spod moich palców uchem strzyże.
Cisza — ten wyraz też szeleści po papierze
i rozgarnia
spowodowane słowem „las" gałęzie.

Nad białą kartką czają się do skoku
litery, które mogą ułożyć się źle,
zdania osaczające,
przed którymi nie będzie ratunku.

Jest w kropli atramentu spory zapas
myśliwych z przymrużonym okiem,
gotowych zbiec po stromym piórze w dół,
otoczyć sarnę, złożyć się do strzału.

Zapominają, że tu nie jest życie.
Inne, czarno na białym, panują tu prawa.
Okamgnienie trwać będzie tak długo, jak zechcę,
pozwoli się podzielić na małe wieczności
pełne wstrzymanych w locie kul.
Na zawsze, jeśli każę, nic się tu nie stanie.
Bez mojej woli nawet liść nie spadnie
ani źdźbło się nie ugnie pod kropką kopytka.

Jest więc taki świat,
nad którym los sprawuję niezależny?
Czas, który wiążę łańcuchami znaków?
Istnienie na mój rozkaz nieustanne?

Radość pisania.
Możność utrwalania.
Zemsta ręki śmiertelnej.

Album

Nikt w rodzinie nie zmarł z miłości.
Co tam było, to było, ale nic dla mitu.
Romeowie gruźlicy? Julie dyfterytu?
Niektórzy wręcz dożyli zgrzybiałej starości.
Żadnej ofiary braku odpowiedzi
na list pokropiony łzami!
Zawsze w końcu zjawiali się jacyś sąsiedzi
z różami i binoklami.
Żadnego zaduszenia się w stylowej szafie,
kiedy to raptem wraca mąż kochanki!
Nikomu te sznurówki, mantylki, falbanki
nie przeszkodziły wejść na fotografię.
I nigdy w duszy piekielnego Boscha!
I nigdy z pistoletem do ogrodu!
(Konali z kulą w czaszce, ale z innego powodu
i na polowych noszach.)
Nawet ta, z ekstatycznym kokiem
i oczami podkutymi jak po balu,
odpłynęła wielkim krwotokiem
nie do ciebie, danserze, i nie z żalu.
Może ktoś, dawniej, przed dagerotypem —
ale z tych, co w albumie, nikt, o ile wiem.
Rozśmieszały się smutki, leciał dzień za dniem,
a oni, pocieszeni, znikali na grypę.

Wietnam

Kobieto, jak się nazywasz? — Nie wiem.
Kiedy się urodziłaś, skąd pochodzisz? — Nie wiem.
Dlaczego wykopałaś sobie norę w ziemi? — Nie wiem.

Odkąd się tu ukrywasz? — Nie wiem.
Czemu ugryzłaś mnie w serdeczny palec? — Nie wiem.
Czy wiesz, że nie zrobimy ci nic złego? — Nie wiem.
Po czyjej jesteś stronie? — Nie wiem.
Teraz jest wojna, musisz wybrać — Nie wiem.
Czy twoja wieś jeszcze istnieje? — Nie wiem.
Czy to są twoje dzieci? — Tak.

Sto pociech

Zachciało mu się szczęścia,
zachciało mu się prawdy,
zachciało mu się wieczności,
patrzcie go!

Ledwie rozróżnił sen od jawy,
ledwie domyślił się, że on to on,
ledwie wystrugał ręką z płetwy rodem
krzesiwo i rakietę,
łatwy do utopienia w łyżce oceanu,
za mało nawet śmieszny, żeby pustkę śmieszyć,
oczami tylko widzi,
uszami tylko słyszy,
rekordem jego mowy jest tryb warunkowy,
rozumem gani rozum,
słowem: prawie nikt,
ale wolność mu w głowie, wszechwiedza i byt
poza niemądrym mięsem,
patrzcie go!

Bo przecież chyba jest,
naprawdę się wydarzył

pod jedną z gwiazd prowincjonalnych.
Na swój sposób żywotny i wcale ruchliwy.
Jak na marnego wyrodka kryształu —
dość poważnie zdziwiony.
Jak na trudne dzieciństwo w koniecznościach stada —
nieźle już poszczególny.
Patrzcie go!

Tylko tak dalej, dalej choć przez chwilę,
bodaj przez mgnienie galaktyki małej!
Niechby się wreszcie z grubsza okazało,
czym będzie, skoro jest.
A jest — zawzięty.
Zawzięty, trzeba przyznać, bardzo.
Z tym kółkiem w nosie, w tej todze, w tym swetrze.
Sto pociech, bądź co bądź.
Niebożę.
Istny człowiek.

Szkielet jaszczura

Kochani Bracia,
widzimy tutaj przykład złych proporcji:
oto szkieket jaszczura piętrzy się przed nami —

Drodzy Przyjaciele,
na lewo ogon w jedną nieskończoność,
na prawo szyja w drugą —

Szanowni Towarzysze,
pośrodku cztery łapy, co ugrzęzły w mule
pod pagórem tułowia —

Łaskawi Obywatele,
przyroda się nie myli, ale lubi żarty:
proszę zwrócić uwagę na tę śmieszną główkę —

Panie, Panowie,
taka główka niczego nie mogła przewidzieć
i dlatego jest główką wymarłego gada —

Czcigodni Zgromadzeni,
za mało mózgu, za duży apetyt,
więcej głupiego snu niż mądrej trwogi —

Dostojni Goście,
pod tym względem jesteśmy w dużo lepszej formie,
życie jest piękne i ziemia jest nasza —

Wyborni Delegaci,
niebo gwiaździste nad myślącą trzciną,
prawo moralne w niej —

Prześwietna Komisjo,
udało się raz
i może tylko pod tym jednym słońcem —

Naczelna Rado,
jakie zręczne ręce,
jakie wymowne usta,
ile głowy na karku —

Najwyższa Instancjo,
cóż za odpowiedzialność na miejsce ogona —

Wrażenia z teatru

Najważniejszy w tragedii jest dla mnie akt szósty:
zmartwychwstawanie z pobojowisk sceny,
poprawienie peruk, szatek,
wyrywanie noża z piersi,
zdejmowanie pętli z szyi,
ustawianie się w rzędzie pomiędzy żywymi
twarzą do publiczności.

Ukłony pojedyncze i zbiorowe:
biała dłoń na ranie serca,
dyganie samobójczyni,
kiwanie ściętej głowy.

Ukłony parzyste:
wściekłość podaje ramię łagodności,
ofiara patrzy błogo w oczy kata,
buntownik bez urazy stąpa przy boku tyrana.

Deptanie wieczności noskiem złotego trzewiczka.
Rozpędzanie morałów rondem kapelusza.
Niepoprawna gotowość rozpoczęcia od jutra na nowo.

Wejście gęsiego zmarłych dużo wcześniej,
bo w akcie trzecim, czwartym, oraz pomiędzy aktami.
Cudowny powrót zaginionych bez wieści.

Myśl, że za kulisami czekali cierpliwie,
nie zdejmując kostiumu,
nie zmywając szminki,
wrzusza mnie bardziej niż tyrady tragedii.

Ale naprawdę podniosłe jest opadanie kurtyny
i to, co widać jeszcze w niskiej szparze:
tu oto jedna ręka po kwiat spiesznie sięga,
tam druga chwyta opuczczony miecz.
Dopiero wtedy trzecia, niewidzialna,
spełnia swoją powinność:
ściska mnie za gardło.

Powroty

Wrócił. Nic nie powiedział.
Było jednak jasne, że spotkała go przykrość.
Położył się w ubraniu.
Schował głowę pod kocem.
Podkurczył kolana.
Ma około czterdziestki, ale nie w tej chwili.
Jest — ale tylko tyle, ile w brzuchu matki
za siedmioma skórami, w obronnej ciemności.
Jutro wygłosi odczyt o homeostazie
w kosmonautyce metagalaktycznej.
Na razie zwinął się, zasnął.

Przemówienie w biurze znalezionych rzeczy

Straciłam kilka bogiń w drodze z południa na północ,
a także wielu bogów w drodze ze wschodu na zachód.
Zgasło mi raz na zawsze parę gwiazd, rozstąp się niebo.
Zapadła mi się w morze wyspa jedna, druga.
Nie wiem nawet dokładnie, gdzie zostawiłam pazury,
kto chodzi w moim futrze, kto mieszka w mojej skorupie.
Pomarło mi rodzeństwo, kiedy wypełzłam na ląd,

i tylko któraś kostka świętuje we mnie rocznicę.
Wyskakiwałam ze skóry, trwoniłam kręgi i nogi,
odchodziłam od zmyslów bardzo dużo razy.
Dawno przymknęłam na to wszystko trzecie oko,
machnęłam na to płetwą, wzruszyłam gałęziami.

Podziało się, przepadło, na cztery wiatry rozwiało.
Sama się sobie dziwię, jak mało ze mnie zostało:
pojedyncza osoba w ludzkim chwilowo rodzaju,
która tylko parasol zgubiła wczoraj w tramwaju.

Pochwała snów

We śnie
maluję jak Vermeer van Delft.

Rozmawiam biegle po grecku
i nie tylko z żywymi.

Prowadzę samochód,
który jest mi posłuszny.

Jestem zdolna,
piszę wielkie poematy.

Słyszę głosy
nie gorzej niż poważni święci.

Bylibyście zdumieni
świetnością mojej gry na fortepianie.

Fruwam, jak się powinno,
czyli sama z siebie.

Spadając z dachu
umiem spaść miękko w zielone.

Nie jest mi trudno
oddychać pod wodą.

Nie narzekam:
udało mi się odkryć Atlantydę.

Cieszy mnie, że przed śmiercią
zawsze potrafię się zbudzić.

Natychmiast po wybuchu wojny
odwracam się na lepszy bok.

Jestem, ale nie muszę
być dzieckiem epoki.

Kilka lat temu
widziałam dwa słońca.

A przedwczoraj pingwina.
Najzupełniej wyraźnie.

Pod jedną gwiazdką

Przepraszam przypadek, że nazywam go koniecznością.
Przepraszam konieczność, jeśli jednak się mylę.
Niech się nie gniewa szczęście, że biorę je jak swoje.

Niech mi zapomną umarli, że ledwie tlą się w pamięci.
Przepraszam czas za mnogość przeoczonego świata na sekundę.
Przepraszam dawną miłość, że nową uważam za pierwszą.
Wybaczcie mi, dalekie wojny, że noszę kwiaty do domu.
Wybaczcie, otwarte rany, że kłuję się w palec.
Przepraszam wołających z otchłani za płytę z menuetem.
Przepraszam ludzi na dworcach za sen o piątej rano.
Daruj, szczuta nadziejo, że śmieję się czasem.
Darujcie mi, pustynie, że z łyżką wody nie biegnę.
I ty, jastrzębiu, od lat ten sam, w tej samej klatce,
zapatrzony bez ruchu zawsze w ten sam punkt,
odpuść mi, nawet gdybyś był ptakiem wypchanym.
Przepraszam ścięte drzewo za cztery nogi stołowe.
Przepraszam wielkie pytania za małe odpowiedzi.
Prawdo, nie zwracaj na mnie zbyt bacznej uwagi.
Powago, okaż mi wspaniałomyślność.
Ścierp, tajemnico bytu, że wyskubuję nitki z twego trenu.
Nie oskarżaj mnie, duszo, że rzadko cię miewam.
Przepraszam wszystko, że nie mogę być wszędzie.
Przepraszam wszystkich, że nie umiem być każdym i każdą.
Wiem, że póki żyję, nic mnie usprawiedliwia,
ponieważ sama sobie stoję na przeszkodzie.
Nie miej mi za złe, mowo, że pożyczam patetycznych słów,
a potem trudu dokładam, żeby wydały się lekkie.

Wielka liczba

Cztery miliardy ludzi na tej ziemi,
a moja wyobraźnia jest, jak była.
Źle sobie radzi z wielkimi liczbami.
Ciągle ją jeszcze wzrusza poszczególność.
Fruwa w ciemnościach jak światło latarki,

wyjawia tylko pierwsze z brzegu twarze,
tymczasem reszta w prześlepienie idzie,
w niepomyślenie, w nieodżałowanie.
Ale tego sam Dante nie zatrzymałby.
A cóż dopiero kiedy nie jest się.
I choćby nawet wszystkie muzy do mnie.

Non omnis moriar — przedwczesne strapienie.
Czy jednak cała żyję i czy to wystarcza.
Nie wystarczało nigdy, a tym bardziej teraz.
Wybieram odrzucając, bo nie ma innego sposobu,
ale to, co odrzucam, liczebniejsze jest,
gęstsze jest, natarczywsze jest niż kiedykolwiek.
Kosztem nieopisanych strat — wierszyk, westchnienie.
Na gromkie powołanie odzywam się szeptem.
Ile przemilczam, tego nie wypowiem.
Mysz u podnóża macierzystej góry.
Życie trwa kilka znaków pazurkiem na piasku.

Sny moje — nawet one nie są, jak należałoby, ludne.
Więcej w nich samotności niż tłumów i wrzawy.
Wpadnie czasem na chwilę ktoś dawno umarły.
Klamką porusza pojedyncza ręka.
Obrasta pusty dom przybudówkami echa.
Zbiegam z progu w dolinę
cichą, jakby niczyją, już anachroniczną.

Skąd się jeszcze ta przestrzeń bierze we mnie —
nie wiem.

Podziękowanie

Wiele zawdzięczam
tym, których nie kocham.

Ulgę, z jaką się godzę,
że bliżsi są komu innemu.

Radość, że nie ja jestem
wilkiem ich owieczek.

Pokój mi z nimi
i wolność mi z nimi,
a tego miłość ani dać nie może,
ani brać nie potrafi.

Nie czekam na nich
od okna do drzwi.
Cierpliwa
prawie jak słoneczny zegar,
rozumiem czego miłość nie rozumie,
wybaczam,
czego miłość nie wybaczyłaby nigdy.

Od spotkania do listu
nie wieczność upływa,
ale po prostu kilka dni albo tygodni.

Podróże z nimi zawsze są udane,
koncerty wysłuchane,
katedry zwiedzone,
krajobrazy wyraźne.

A kiedy nas rozdziela
siedem gór i rzek,
są to góry i rzeki
dobrze znane z mapy.

Ich jest zasługą,
jeżeli żyję w trzech wymiarach,
w przestrzeni nielirycznej i nieretorycznej,
z prawdziwym, bo ruchomym horyzontem.

Sami nie wiedzą,
ile niosą w rękach pustych.

„Nic im nie jestem winna" —
powiedziałaby miłość
na ten otwarty temat.

Żona Lota

Obejrzałam się podobno z ciekawości.
Ale prócz ciekawości mogłam mieć inne powody.
Obejrzałam się z żalu za miską ze srebra.
Przez nieuwagę — wiążąc rzemyk u sandała.
Aby nie patrzeć dłużej w sprawiedliwy kark
męża mojego, Lota.
Z nagłej pewności, że gdybym umarła,
nawet by nie przystanął.
Z nieposłuszeństwa pokornych.
W nadsłuchiwaniu pogoni.
Tknięta ciszą, w nadziei, że Bóg się rozmyślił.
Dwie nasze córki znikały już za szczytem wzgórza.
Poczułam w sobie starość. Oddalenie.

Czczość wędrowania. Senność.
Obejrzałam się kładąc na ziemi tobołek.
Obejrzałam się z trwogi, gdzie uczynić krok.
Na mojej ścieżce zjawiły się węże,
pająki, myszy polne i pisklęta sępów.
Już ani dobre, ani złe — po prostu wszystko, co żyło,
pełzało i skakało w gromadnym popłochu.
Obejrzałam się z osamotnienia.
Ze wstydu, że uciekam chyłkiem.
Z chęci krzyku, powrotu.
Albo wtedy dopiero, gdy zerwał się wiatr,
rozwiązał włosy moje i suknię zadarł do góry.
Miałam wrażenie, że widzą to z murów Sodomy
i wybuchają gromkim śmiechem, raz i jeszcze raz.
Obejrzałam się z gniewu.
Aby nasycić się ich wielką zgubą.
Obejrzałam się z wszystkich podanych wyżej powodów.
Obejrzałam się bez własnej woli.
To tylko głaz obrócił się, warcząc pode mną.
To szczelina raptownie odcięła mi drogę.
Na brzegu dreptał chomik wspięty na dwóch łapkach.
I wówczas to oboje spojrzeliśmy wstecz.
Nie, nie. Ja biegłam dalej,
czołgałam się i wzlatywałam,
dopóki ciemność nie runęła z nieba,
a z nią gorący żwir i martwe ptaki.
Z braku tchu wielokrotnie okręcałam się.
Kto mógłby to zobaczyć, myślałby, że tańczę.
Niewykluczone, że oczy miałam otwarte.
Możliwe, że upadłam twarzą zwróconą ku miastu.

Terrorysta, on patrzy

Bomba wybuchnie w barze trzynasta dwadzieścia.
Teraz mamy dopiero trzynastą szesnaście.
Niektórzy zdążą jeszcze wejść,
Niektórzy wyjść.

Terrorysta już przeszedł na drugą stronę ulicy.
Ta odległość go chroni od wszelkiego złego
no i widok jak w kinie:

Kobieta w żółtej kurtce, ona wchodzi.
Mężczyzna w ciemnych okularach, on wychodzi.
Chłopaki w dżinsach, oni rozmawiają.
Trzynasta siedemnaście i cztery sekundy.
Ten niższy to ma szczęście i wsiada na skuter,
a ten wyższy to wchodzi.

Trzynasta siedemnaście i czterdzieści sekund.
Dziewczyna, ona idzie z zieloną wstążką we włosach.
Tylko że ten autobus nagle ją zasłania.

Trzynasta osiemnaście.
Już nie ma dziewczyny.
Czy była taka głupia i weszła, czy nie,
to się zobaczy, jak będą wynosić.

Trzynasta dziewiętnaście.
Nikt jakoś nie wchodzi.
Za to jeszcze wychodzi jeden gruby łysy.
Ale tak, jakby szukał czegoś po kieszeniach i
o trzynastej dwadzieścia bez dziesięciu sekund
on wraca po te swoje marne rękawiczki.

Jest trzynasta dwadzieścia.
Czas, jak on się wlecze.
Już chyba teraz.
Jeszcze nie teraz.
Tak, teraz.
Bomba, ona wybucha.

Portret kobiecy

Musi być do wyboru.
Zmieniać się, żeby tylko nic się nie zmieniło.
To łatwe, niemożliwe, trudne, warte próby.
Oczy ma, jeśli trzeba, raz modre, raz szare,
czarne, wesołe, bez powodu pełne łez.
Śpi z nim jak pierwsza z brzegu, jedyna na świecie.
Urodzi mu czworo dzieci, żadnych dzieci, jedno.
Naiwna, ale najlepiej doradzi.
Słaba, ale udźwignie.
Nie ma głowy na karku, to będzie ją miała.
Czyta Jaspera i pisma kobiece.
Nie wie po co ta śrubka i zbuduje most.
Młoda, jak zwykle młoda, ciągle jeszcze młoda.
Trzyma w rękach wróbelka ze złamanym skrzydłem,
własne pieniądze na podróż daleką i długą,
tasak do mięsa, kompres i kieliszek czystej.
Dokąd tak biegnie, czy nie jest zmęczona.
Ależ nie, tylko trochę, bardzo, nic nie szkodzi.
Albo go kocha, albo się uparła.
Na dobre, na niedobre i na litość boską.

Pokój samobójcy

Myślicie pewnie, że pokój był pusty.
A tam trzy krzesła z mocnym oparciem.
Tam lampa dobra przeciw ciemności.
Biurko, na biurku portfel, gazety.
Budda niefrasobliwy, Jezus frasobliwy.
Siedem słoni na szczęście, a w szufladzie notes.
Myślicie, że tam naszych adresów nie było?

Brakło, myślicie, książek, obrazów i płyt?
A tam pocieszająca trąbka w czarnych rękach.
Saskia z serdecznym kwiatkiem.
Radość iskra bogów.
Odys na półce w życiodajnym śnie
po trudach pieśni piątej.
Moraliści,
nazwiska wypisane złotymi zgłoskami
na pięknie garbowanych grzbietach.
Politycy tuż obok trzymali się prosto.

I nie bez wyjścia, chociażby przez drzwi,
nie bez widoków, chociażby przez okno,
wydawał się ten pokój.
Okulary do spoglądania w dal leżały na parapecie.
Brzęczała jedna mucha, czyli żyła jeszcze.

Myślicie, że przynajmniej list wyjaśniał coś.
A jeżeli wam powiem, że listu nie było —
i tylu nas, przyjaciół, a wszyscy się pomieścili
w pustej kopercie opartej o szklankę.

Życie na poczekaniu

Życie na poczekaniu.
Przedstawienie bez próby.
Ciało bez przymiarki.
Głowa bez namysłu.

Nie znam roli, którą gram.
Wiem tylko, że jest moja, niewymienna.

O czym jest sztuka,
zgadywać muszę wprost na scenie.

Kiepsko przygotowana do zaszczytu życia,
narzucone mi tempo akcji znoszę z trudem.
Improwizuję, choć brzydzę się improwizacją.
Potykam się co krok o nieznajomość rzeczy.
Mój sposób bycia zatrąca zaściankiem.
Moje instynkty to amatorszczyzna.
Trema, tłumacząc mnie, tym bardziej upokarza.
Okoliczności łagodzące odczuwam jako okrutne.

Nie do cofnięcia słowa i odruchy,
nie doliczone gwiazdy,
charakter jak płaszcz w biegu dopinany —
oto żałosne skutki tej nagłości.

Gdyby choć jedną środę przećwiczyć zawczasu
albo choć jeden czwartek raz jeszcze powtórzyć!
A tu już piątek nadchodzi z nie znanym mi scenariuszem.
Czy to w porządku — pytam
(z chrypką w głosie,
bo nawet mi nie dano odchrząknąć za kulisami).

Złudna jest myśl, że to tylko pobieżny egzamin
składany w prowizorycznym pomieszczeniu. Nie.
Stoję wśród dekoracji i widzę, jak są solidne.
Uderza mnie precyzja wszelkich rekwizytów.
Aparatura obrotowa działa od długiej już chwili.
Pozapalane zostały najdalsze nawet mgławice.
Och, nie mam wątpliwości, że to premiera.
I cokolwiek uczynię,
zamieni się na zawsze w to, co uczyniłam.

Utopia

Wyspa, na której wszystko się wyjaśnia.

Tu można stanąć na gruncie dowodów.

Nie ma dróg innych oprócz drogi dojścia.

Krzaki aż uginają się od odpowiedzi.

Rośnie tu drzewo Słusznego Domysłu
o rozwikłanych odwiecznie gałęziach.

Olśniewająco proste drzewo Zrozumienia
przy źródle, co się zwie Ach Więc To Tak.

Im dalej w las, tym szerzej się otwiera
Dolina Oczywistości.

Jeśli jakieś zwątpienie, to wiatr je rozwiewa.

Echo bez wywołania głos zabiera
i wyjaśnia ochoczo tajemnice światów.

W prawo jaskinia, w której leży sens.

W lewo jezioro Głębokiego Przekonania.
Z dna odrywa się prawda i lekko na wierzch wypływa.

Góruje nad doliną Pewność Niewzruszona.
Ze szczytu jej roztacza się Istota Rzeczy.

Mimo powabów wyspa jest bezludna,
a widoczne po brzegach drobne ślady stóp
bez wyjątku zwrócone są w kierunku morza.

Jak gdyby tylko odchodzono stąd
i bezpowrotnie zanurzano się w topieli.

W życiu nie do pojęcia.

Nadmiar

Odkryto nową gwiazdę,
co nie znaczy, że zrobiło się jaśniej
i że przybyło czegoś czego brak.

Gwiazda jest duża i daleka,
tak daleka, że mała.
nawet mniejsza od innych
dużo od niej mniejszych.
Zdziwienie nie byłoby tu niczym dziwnym,
gdybyśmy tylko mieli na nie czas.

Wiek gwiazdy, masa gwiazdy, położenie gwiazdy,
wszystko to starczy może
na jedną pracę doktorską,
i skromną lampkę wina
w kołach zbliżonych do nieba:
astronom, jego żona, krewni i koledzy,
nastrój niewymuszony, strój dowolny,
przeważają w rozmowie tematy miejscowe
i gryzie się orzeszki ziemne.

Gwiazda wspaniała,
ale to jeszcze nie powód,
żeby nie wypić zdrowia naszych pań
nieporównanie bliższych.

Gwiazda bez konsekwencji.
Bez wpływu na pogodę, modę, wynik meczu,
zmiany w rządzie, dochody i kryzys wartości.

Bez skutków w propagandzie i przemyśle ciężkim.
Bez odbicia w politurze stołu obrad.
Nadliczbowa dla policzonych dni życia.

Po cóż tu pytać,
pod iloma gwiazdami człowiek rodzi się,
a pod iloma po krótkiej chwili umiera.

Nowa.
— Przynajmniej pokaż mi, gdzie ona jest.
— Między brzegiem tej burej postrzępionej chmurki
a tamtą, bardziej w lewo, gałązką akacji.
— Aha — powiadam.

Widok z ziarnkiem piasku

Zwiemy je ziarnkiem piasku.
A ono siebie ani ziarnkiem, ani piasku.
Obywa się bez nazwy
ogólnej, szczególnej,
przelotnej, trwałej,
mylnej czy właściwej.

Na nic mu nasze spojrzenie, dotknięcie.
Nie czuje się ujrzane i dotknięte.
A to, że spadło na parapet okna,
to tylko nasza, nie jego przygoda.
Dla niego to to samo, co spaść na cokolwiek,
bez pewności, czy spadło już,
czy spada jeszcze.

Z okna jest piękny widok na jezioro,
ale ten widok sam siebie nie widzi.
Bezbarwnie i bezkształtnie,
bezgłośnie, bezwonnie
i bezboleśnie jest mu na tym świecie.

Bezdennie dnu jeziora
i bezbrzeżnie brzegom.
Nie mokro ani sucho jego wodzie.
Nie pojedynczo ani mnogo falom,
co szumią głuche na swój własny szum
wokół nie małych, nie dużych kamieni.

A wszystko to pod niebem z natury bezniebnym,
w którym zachodzi słońce nie zachodząc wcale
i kryje się nie kryjąc za bezwiedną chmurę.

Targa nią wiatr bez żadnych innych powodów,
jak tylko ten, że wieje.

Mija jedna sekunda.
Druga sekunda.
Trzecia sekunda.
Ale to tylko nasze trzy sekundy.

Czas przebiegł jak posłaniec z pilną wiadomością.
Ale to tylko nasze porównanie.
Zmyślona postać, wmówiony jej pośpiech,
a wiadomość nieludzka.

Krótkie życie naszych przodków

Niewielu dożywało lat trzydziestu.
Starość to był przywilej kamieni i drzew.
Dzieciństwo trwało tyle co szczenięctwo wilków.
Należało się śpieszyć, zdążyć z życiem
nim słońce zajdzie,
nim pierwszy śnieg spadnie.

Trzynastoletnie rodzicielki dzieci,
czteroletni tropiciele ptasich gniazd w sitowiu,
dwudziestoletni przewodnicy łowów —
dopiero ich nie było, już ich nie ma.
Końce nieskończoności zrastały się szybko.
Wiedźmy żuły zaklęcia
wszystkimi jeszcze zębami młodości.
Pod okiem ojca mężniał syn.
Pod oczodołem dziadka wnuk się rodził.

A zresztą nie liczyli sobie lat.
Liczyli sieci, garnki, szałasy, topory.
Czas, taki hojny dla byle gwiazdy na niebie,
wyciągał do nich rękę prawie pustą
i szybko cofał się, jakby mu było szkoda.
Jeszcze krok, jeszcze dwa
wzdłuż połyskliwej rzeki,
co z ciemności wypływa i w ciemności znika.

Nie było ani chwili do stracenia,
pytań do odłożenia i późnych objawień,
o ile nie zostały zawczasu doznane.
Mądrość nie mogła czekać siwych włosów.
Musiała widzieć jasno, nim stanie się jasność,
i wszelki głos usłyszeć, zanim się rozlegnie.

Dobro i zło —
wiedzieli o nim mało, ale wszystko:
kiedy zło tryumfuje, dobro się utaja;
gdy dobro się objawia, zło czeka w ukryciu.
Jedno i drugie nie do pokonania
ani do odsunięcia na bezpowrotną odległość.
Dlatego jeśli radość, to z domieszką trwogi,
jeśli rozpacz, to nigdy bez cichej nadziei.
Życie, choćby i długie, zawsze będzie krótkie.
Zbyt krótkie, żeby do tego coś dodać.

Pierwsza fotografia Hitlera

A któż to jest ten dzidziuś w kaftaniku?
Toż to mały Adolfek, syn państwa Hitlerów!
Może wyrośnie na doktora praw?

Albo będzie tenorem w operze wiedeńskiej?
Czyja ta rączka, czyja, uszko, oczko, nosek?
Czyj brzuszek pełen mleka, nie wiadomo jeszcze:
drukarza, konsyliarza, kupca, księdza?
Dokąd te śmieszne nóżki zawędrują, dokąd?
Do ogródka, do szkoły, do biura, na ślub
może z córką burmistrza?

Bobo, aniołek, kruszyna, promyczek,
kiedy rok temu przychodził na świat,
nie brakło znaków na niebie i ziemi:
wiosenne słońce, w oknach pelargonie,
muzyka katarynki na podwórku,
pomyślna wróżba w bibułce różowej,
tuż przed porodem proroczy sen matki:
gołąbka we śnie widzieć — radosna nowina,
tegoż schwytać — przybędzie gość długo czekany.
Puk, puk, kto tam, to stuka serduszko Adolfka.

Smoczek, pieluszka, śliniaczek, grzechotka,
chłopczyna, chwalić Boga i odpukać, zdrów,
podobny do rodziców, do kotka w koszyku,
do dzieci z wszystkich innych rodzinnych albumów.
No, nie będziemy chyba teraz płakać,
pan fotograf pod czarną płachtą zrobi pstryk.

Atelier Klinger, Grabenstrasse Braunau,
a Braunau to niewielkie, ale godne miasto,
solidne firmy, poczciwi sąsiedzi,
woń ciasta drożdżowego i szarego mydła.
Nie słychać wycia psów i kroków przeznaczenia.
Nauczyciel historii rozluźnia kołnierzyk
i ziewa nad zeszytami.

Schyłek wieku

Miał być lepszy od zeszłych nasz xx wiek.
Już tego dowieść nie zdąży,
lata ma policzone,
krok chwiejny,
oddech krótki.

Już zbyt wiele się stało,
co się stać nie miało,
a to, co miało nadejść,
nie nadeszło.

Miało się mieć ku wiośnie
i szczęściu, między innymi.

Strach miał opuścić góry i doliny.
Prawda szybciej od kłamstwa
miała dobiegać do celu.

Miało się kilka nieszczęść
nie przydarzać już,
na przykład wojna
i głód, i tak dalej.

W poważaniu być miała
bezbronność bezbronnych,
ufność i tym podobne.

Kto chciał cieszyć się światem,
ten staje przed zadaniem
nie do wykonania.

Głupota nie jest śmieszna.
Mądrość nie jest wesoła.
Nadzieja
to już nie jest ta młoda dziewczyna
et cetera, niestety.

Bóg miał nareszcie uwierzyć w człowieka
dobrego i silnego,
ale dobry i silny
to ciągle jeszcze dwóch ludzi.

Jak żyć — spytał mnie w liście ktoś,
kogo ja zamierzałam spytać
o to samo.

Znowu i tak jak zawsze,
co widać powyżej,
nie ma pytań pilnieszych
od pytań naiwnych.

Dzieci epoki

Jesteśmy dziećmi epoki,
epoka jest polityczna.

Wszystkie twoje, nasze, wasze
dzienne sprawy, nocne sprawy
to są sprawy polityczne.

Chcesz czy nie chcesz,
twoje geny mają przeszłość polityczną,

skóra odcień polityczny,
oczy aspekt polityczny.

O czym mówisz, ma rezonans,
o czym milczysz, ma wymowę
tak czy owak polityczną.

Nawet idąc borem lasem
stawiasz kroki polityczne
na podłożu politycznym.

Wiersze apolityczne też są polityczne,
a w górze świeci księżyc,
obiekt już nie księżycowy.
Być albo nie być, oto jest pytanie.
Jakie pytanie, odpowiedz kochanie.
Pytanie polityczne.

Nie musisz nawet być istotą ludzką,
by zyskać na znaczeniu politycznym.
Wystarczy, żebyś był ropą naftową,
paszą treściwą czy surowcem wtórnym.
Albo i stołem obrad, o którego kształt
spierano się miesiącami:
przy jakim pertraktować o życiu i śmierci,
okrągłym czy kwadratowym.

Tymczasem ginęli ludzie,
zdychały zwierzęta,
płonęły domy
i dziczały pola
jak w epokach zamierzchłych
i mniej politycznych.

Tortury

Nic się nie zmieniło.
Ciało jest bolesne,
jeść musi i oddychać powietrzem i spać,
ma cienką skórę, a tuż pod nią krew,
ma spory zasób zębów i paznokci,
kości jego łamliwe, stawy rozciągliwe.
W torturach jest to wszystko brane pod uwagę.

Nic się nie zmieniło.
Ciało drży, jak drżało
przed założeniem Rzymu i po założeniu,
w dwudziestym wieku przed i po Chrystusie,
tortury są, jak były, zmalała tylko ziemia
i cokolwiek się dzieje, to tak jak za ścianą.

Nic sie nie zmieniło.
Przybyło tylko ludzi,
obok starych przewinień zjawiły się nowe,
rzeczywiste, wmówione, chwilowe i żadne,
ale krzyk, jakim ciało za nie odpowiada,
był, jest i będzie krzykiem niewinności,
podług odwiecznej skali i rejestru.

Nic się nie zmieniło.
Chyba tylko maniery, ceremonie, tańce.
Ruch rąk osłaniających głowę
pozostał jednak ten sam.
Ciało się wije, szarpie i wyrywa,
ścięte z nóg pada, podkurcza kolana,
sinieje, puchnie, ślini się i broczy.

Nic się nie zmieniło.
Poza biegiem rzek,
linią lasów, wybrzeży, pustyń i lodowców.
Wśród tych pejzaży duszyczka się snuje,
znika, powraca, zbliża się, oddala,
sama dla siebie obca, nieuchwytna,
raz pewna, raz niepewna swojego istnienia,
podczas gdy ciało jest i jest i jest
i nie ma się gdzie podziać.

Pisanie życiorysu

Co trzeba?
Trzeba napisać podanie,
a do podania dołączyć życiorys.

Bez względu na długość życia
życiorys powinien być krótki.

Obowiązuje zwięzłość i selekcja faktów.
Zamiana krajobrazów na adresy
i chwiejnych wspomnień w nieruchome daty.

Z wszystkich miłości starczy ślubna,
a z dzieci tylko urodzone.

Ważniejsze, kto cię zna, niż kogo znasz.
Podróże tylko jeśli zagraniczne.
Przynależność do czego, ale bez dlaczego.
Odznaczenia bez za co.

Pisz tak, jakbyś z sobą nigdy nie rozmawiał
i omijał z daleka.

Pomiń milczeniem psy, koty i ptaki,
pamiątkowe rupiecie, przyjaciół i sny.

Raczej cena niż wartość
i tytuł niż treść.
Raczej już numer butów, niż dokąd on idzie,
ten, za kogo uchodzisz.

Do tego fotografia z odsłoniętym uchem.
Liczy się jego kształt, nie to, co słychać.
Co słychać?
Łomot maszyn, które mielą papier.

Pogrzeb

„tak nagle, kto się tego spodziewał"
„nerwy i papierosy, ostrzegałem go"
„jako tako, dziękuję"
„rozpakuj te kwiatki"
„brat też poszedł na serce, to pewnie rodzinne"
„z tą brodą to bym pana nigdy nie poznała"
„sam sobie winien, zawsze się w coś mieszał"
„miał przemawiać ten nowy, jakoś go nie widzę"
„Kazek w Warszawie, Tadek za granicą"
„ty jedna byłaś mądra, że wzięłaś parasol"
„cóż z tego, że był najzdolniejszy z nich"
„pokój przechodni, Baśka się nie zgodzi"
„owszem, miał rację, ale to jeszcze nie powód"
„z lakierowaniem drzwiczek, zgadnij ile"

„dwa żółtka, łyżka cukru"
„nie jego sprawa, po co mu to było"
„same niebieskie i tylko małe numery"
„pięć razy, nigdy żadnej odpowiedzi"
„niech ci będzie, że mogłem, ale i ty mogłeś"
„dobrze, że chociaż ona miała tę posadkę"
„no, nie wiem, chyba krewni"
„ksiądz istny Belmondo"
„nie byłam jeszcze w tej części cmentarza"
„śnił mi się tydzień temu, coś mnie tknęło"
„niebrzydka ta córeczka"
„wszystkich nas to czeka"
„złóżcie wdowie ode mnie, muszę zdążyc na"
„a jednak po łacinie brzymiało uroczyściej"
„było, minęło"
„do widzenia pani"
„może by gdzieś na piwo"
„zadzwoń, pogadamy"
„czwórką albo dwunastką"
„ja tędy"
„my tam"

Głos w sprawie pornografii

Nie ma rozpusty gorszej niż myślenie.
Pleni się swawola jak wiatropylny chwast
na grządce wytyczonej pod stokrotki.

Dla takich, którzy myślą, święte nie jest nic.
Zuchwałe nazywanie rzeczy po imieniu,
rozwiązłe analizy, wszeteczne syntezy,
pogoń za nagim faktem dzika i hulaszcza,

lubieżne obmacywanie drażliwych tematów,
tarło poglądów — w to im właśnie graj.

W dzień jasny albo pod osłoną nocy
łączą się w pary, trójkąty i koła.
Dowolna jest tu płeć i wiek partnerów.
Oczy im błyszczą, policzki pałają.
Przyjaciel wykoleja przyjaciela.
Wyrodne córki deprawują ojca.
Brat młodszą siostrę stręczy do nierządu.

Inne im w smak owoce
z zakazanego drzewa wiadomości
niż różowe pośladki z pism ilustrowanych,
cała ta prostoduszna w gruncie pornografia.
Książki, które ich bawią, nie mają obrazków.
Jedyna rozmaitość to specjalne zdania
paznokciem zakreślone albo kredką.

Zgroza, w jakich pozycjach,
z jak wyuzdaną prostotą
umysłowi udaje się zapłodnić umysł!
Nie zna takich pozycji nawet Kamasutra.

W czasie tych schadzek parzy się ledwie herbata.
Ludzie siedzą na krzesłach, poruszają ustami.
Nogę na nogę każdy sam sobie zakłada.
Jedna stopa w ten sposób dotyka podłogi,
druga swobodnie kiwa się w powietrzu.
Czasem tylko ktoś wstanie,
zbliży się do okna
i przez szparę w firankach
podgląda ulicę.

Możliwości

Wolę kino.
Wolę koty.
Wolę dęby nad Wartą.
Wolę Dickensa od Dostojewskiego.
Wolę siebie lubiącą ludzi
niż siebie kochającą ludzkość.
Wolę mieć w pogotowiu igłę z nitką.
Wolę kolor zielony.
Wolę nie twierdzić,
że rozum jest wszystkiemu winien.
Wolę wyjątki.
Wolę wychodzić wcześniej.
Wolę rozmawiać z lekarzami o czymś innym.
Wolę stare ilustracje w prążki.
Wolę śmieszność pisania wierszy
od śmieszności ich niepisania.
Wolę w miłości rocznice nieokrągłe,
do obchodzenia co dzień.
Wolę moralistów,
którzy nie obiecują mi nic.
Wolę dobroć przebiegłą od łatwowiernej za bardzo.
Wolę ziemię w cywilu.
Wolę kraje podbite niż podbijające.
Wolę mieć zastrzeżenia.
Wolę piekło chaosu od piekła porządku.
Wolę bajki Grimma od piewszych stron gazet.
Wolę liście bez kwiatów niż kwiaty bez liści.
Wolę psy z ogonem nie przyciętym.
Wolę oczy jasne, ponieważ mam ciemne.
Wolę szuflady.
Wolę wiele rzeczy, których tu nie wymieniłam

od wielu również tu nie wymienionych.
Wolę zera luzem
niż ustawione w kolejce do cyfry.
Wolę czas owadzi od gwiezdnego.
Wolę odpukać.
Wolę nie pytać, jak długo jeszcze i kiedy.
Wolę brać pod uwagę nawet tę możliwość,
że byt ma swoją rację.

Ludzie na moście

Dziwna planeta i dziwni na niej ci ludzie.
Ulegają czasowi, ale nie chcą go uznać.
Mają sposoby, żeby swój sprzeciw wyrazić.
Robią obrazki jak na przykład ten:

Nic szczególnego na pierwszy rzut oka.
Widać wodę.
Widać jeden z jej brzegów.
Widać czółno mozolnie płynące pod prąd.
Widać nad wodą most i widać ludzi na moście.
Ludzie wyraźnie przyśpieszają kroku,
bo właśnie z ciemnej chmury
zaczął deszcz ostro zacinać.

Cała rzecz w tym, że nic nie dzieje się dalej.
Chmura nie zmienia barwy ani kształtu.
Deszcz ani się nie wzmaga, ani nie ustaje.
Czółno płynie bez ruchu.
Ludzie na moście biegną
ściśle tam, co przed chwilą.

Trudno tu obejść się bez komentarza:
To nie jest wcale obrazek niewinny.
Zatrzymano tu czas.
Przestano liczyć się z prawami jego.
Pozbawiono go wpływu na rozwój wypadków.
Zlekceważono go i znieważono.

Za sprawą buntownika
jakiegoś Hiroshige Utagawy,
(istoty, która zresztą
dawno i jak należy minęła),
czas potknął się i upadł.

Może to tylko psota bez znaczenia,
wybryk na skalę paru zaledwie galaktyk,
na wzelki jednak wypadek
dodajmy, co następuje:

Bywa tu w dobrym tonie
wysoko sobie cenić ten obrazek,
zachwycać się nim i wzruszać od pokoleń.

Są tacy, którym i to nie wystarcza.
Słyszą nawet szum deszczu,
czują chłód kropel na karkach i plecach,
patrzą na most i ludzi,
jakby widzieli tam siebie,
w tym samym biegu nigdy nie dobiegającym
drogą bez końca, wiecznie do odbycia
i wierzą w swoim zuchwalstwie,
że tak jest rzeczywiście.

Niektórzy lubią poezję

Niektórzy —
czyli nie wszyscy.
Nawet nie większość wszystkich ale mniejszość.
Nie licząc szkół, gdzie się musi,
i samych poetów,
będzie tych osób chyba dwie na tysiąc.

Lubią —
ale lubi się także rosół z makaronem,
lubi się komplementy i kolor niebieski,
lubi się stary szalik,
lubi się stawiać na swoim,
lubi się głaskać psa.

Poezję —
tylko co to takiego poezja.
Niejedna chwiejna odpowiedź
na to pytanie już padła.
A ja nie wiem i nie wiem i trzymam się tego
jak zbawiennej poręczy.

Koniec i początek

Po każdej wojnie
ktoś musi posprzątać.
Jaki taki porządek
sam się przecież nie zrobi.

Ktoś musi zepchnąć gruzy
na pobocza dróg,

żeby mogły przejechać
wozy pełne trupów.

Ktoś musi grzęznąć
w szlamie i popiele,
sprężynach kanap,
drzazgach szkła
i krwawych szmatach.

Któs musi przywlec belkę
do podparcia ściany,
ktoś oszklić okno
i osadzić drzwi na zawiasach.

Fotogeniczne to nie jest
i wymaga lat.
Wszystkie kamery wyjechały już
na inną wojnę.

Mosty trzeba z powrotem
i dworce na nowo.
W strzępach będą rękawy
od zakasywania.

Ktoś z miotłą w rękach
wspomina jeszcze jak było.
Ktoś słucha
przytakując nie urwaną głową.
Ale już w ich pobliżu
zaczną kręcić się tacy,
których to będzie nudzić.

Ktoś czasem jeszcze
wykopie spod krzaka
przeżarte rdzą argumenty
i poprzenosi je na stos odpadków.

Ci, co wiedzieli
o co tutaj szło,
muszą ustąpić miesjca tym,
co wiedzą mało.
I mniej niż mało.
I wreszcie tyle co nic.

W trawie, która porosła
przyczyny i skutki,
musi ktoś sobie leżeć
z kłosem w zębach
i gapić się na chmury.

Kot w pustym mieszkaniu

Umrzeć — tego nie robi się kotu.
Bo co ma począć kot
w pustym mieszkaniu.
Wdrapywać się na ściany.
Ocierać między meblami.
Nic niby tu nie zmienione,
a jednak pozamieniane.
Niby nie przesunięte,
a jednak porozsuwane.
I wieczorami lampa już nie świeci.

Słychać kroki na schodach,
ale to nie te.
Ręka, co kładzie rybę na talerzyk,
także nie ta, co kładła.

Coś się tu nie zaczyna
w swojej zwykłej porze.
Coś się tu nie odbywa
jak powinno.
Ktoś tutaj był i był
a potem nagle zniknął
i uporczywie go nie ma.

Do wszystkich szaf się zajrzało.
Przez półki przebiegło.
Wcisnęło się pod dywan i sprawdziło.
Nawet złamało zakaz
i rozrzuciło papiery.
Co więcej jest do zrobienia.
Spać i czekać.

Niech no on tylko wróci,
niech no się pokaże.
Już on się dowie,
że tak z kotem nie można.
Będzie się szło w jego stronę
jakby się wcale nie chciało,
pomalutku,
na bardzo obrażonych łapach.
I żadnych skoków pisków na początek.

Miłość od pierwszego wejrzenia

Oboje są przekonani,
że połączyło ich uczucie nagłe.
Piękna jest taka pewność,
ale niepewność piękniejsza.

Sądzą, że skoro nie znali się wcześniej,
nic między nimi nigdy się nie działo.
A co na to ulice, schody, korytarze,
na których mogli się od dawna mijać?

Chciałabym ich zapytać,
czy nie pamiętają —
może w drzwiach obrotowych
kiedyś twarzą w twarz?
jakieś „przepraszam" w ścisku?
głos „pomyłka" w słuchawce?
— ale znam ich odpowiedź.
Nie, nie pamiętają.

Bardzo by ich zdziwiło,
że od dłuższego już czasu
bawił się nimi przypadek.

Jeszcze nie całkiem gotów
zamienić się dla nich w los,
zbliżał ich i oddalał,
zabiegał im drogę
i tłumiąc chichot
odskakiwał w bok.

Były znaki, sygnały,
cóż z tego, że nieczytelne.
Może trzy lata temu
albo w zeszły wtorek
pewien listek przefrunął
z ramienia na ramię?
Było coś zgubionego i podniesionego.
Kto wie, czy już nie piłka
w zaroślach dzieciństwa?

Były klamki i dzwonki,
na których zawczasu
dotyk kładł się na dotyk.
Walizki obok siebie w przechowalni.
Był może pewnej nocy jednakowy sen,
natychmiast po zbudzeniu zamazany.

Każdy przecież początek
to tylko ciąg dalszy,
a księga zdarzeń
zawsze otwarta w połowie.

Komedyjki

Jeśli są aniołowie
nie czytają chyba
naszych powieści
o zawiedzionych nadziejach.

Obawiam się — niestety —
że i naszych wierszy
z pretensjami do świata.

Wrzaski i drgawki
naszych teatralnych sztuk
muszą ich — podejrzewam —
niecierpliwić.

W przerwach od swoich zajęć
anielskich czyli nieludzkich
przypatrują się raczej
naszym komedyjkom
z czasów filmu niemego.

Bardziej od lamentników,
rozdzieraczy szat
i zgrzytaczy zębami
cenią sobie — jak myślę —
tego nieboraka,
co chwyta za perukę tonącego
albo zajada z głodu
własne sznurowadła.

Od pasa w górę gors i aspiracje
a niżej przerażona mysz
w nogawce spodni.
O tak,
to musi ich serdecznie bawić.

Gonitwa w kółko
zamienia się w ucieczkę przed uciekającym.
Światło w tunelu
okazuje się okiem tygrysa.
Sto katastrof
to sto pociesznych koziołków
nad stoma przepaściami.

Jeśli są aniołowie,
powinna — mam nadzieję —
trafiać im do przekonania
ta rozhuśtana na grozie wesołość,
nie wołająca nawet ratunku ratunku,
bo wszystko dzieje się w ciszy.

Ośmielam się przypuszczać
że klaszczą skrzydłami
a z ich oczu spływają łzy
przynajmniej śmiechu.

W zatrzęsieniu

Jestem kim jestem.
Niepojęty przypadek
jak każdy przypadek.

Inni przodkowie
mogli być przecież moimi,
a już z innego gniazda
wyfrunęłabym,
już spod innego pnia
wypełzła w łusce.

W garderobie natury
jest kostiumów sporo.
Kostium pająka, mewy, myszy polnej.
Każdy od razu pasuje jak ulał
i noszony jest posłużnie
aż do zdarcia.

Ja też nie wybierałam,
ale nie narzekam.
Mogłam być kimś
o wiele mniej osobnym.
Kimś z ławicy, mrowiska, brzęczącego roju,
szarpaną wiatrem cząstką krajobrazu.

Kimś dużo mniej szczęśliwym,
hodowanym na futro,
na świąteczny stół,
czymś, co pływa pod szkiełkiem.

Drzewem uwięzłym w ziemi,
do którego zbliża się pożar.

Źdźbłem tratowanym
przez bieg niepojętych wydarzeń.

Typem spod ciemnej gwiazdy,
która dla drugich jaśnieje.

A co, gbydym budziła w ludziach strach,
albo tylko odrazę,
albo tylko litość?

Gdybym się urodziła
nie w tym, co trzeba, plemieniu
i zamykały się przede mną drogi?

Los okazał się dla mnie
jak dotąd łaskawy.

Mogła mi nie być dana
pamięć dobrych chwil.

Mogła mi być odjęta
skłonność do porównań.

Mogłam być sobą — ale bez zdziwienia,
a to by oznaczało,
że kimś całkiem innym.

Chmury

Z opisywaniem chmur
musiałabym się bardzo śpieszyć —
już po ułamku chwili
przestają być te, zaczynają być inne.

Ich właściwością jest
nie powtarzać się nigdy
w kształtach, odcieniach, pozach i układzie.

Nie obciążone pamięcią o niczym,
unoszą się bez trudu nad faktami.

Jacy tam z nich świadkowie czegokolwiek —
natychmiast rozwiewają się na wszystkie strony.

W porównaniu z chmurami
życie wydaje się ugruntowane,
omalże trwałe i prawie że wieczne.

Przy chmurach
nawet kamień wygląda jak brat,
na którym można polegać,
a one, cóż, dalekie i płoche kuzynki.

Niech sobie ludzie będą, jeśli chcą,
a potem po kolei każde z nich umiera,
im, chmurom nic do tego
wszystkiego
bardzo dziwnego.

Nad całym Twoim życiem
i moim, jeszcze nie całym,
paradują w przepychu jak paradowały.

Nie mają obowiązku z nami ginąć.
Nie muszą być widziane, żeby płynąć.

Jacyś ludzie

Jacyś ludzie w ucieczce przed jakimiś ludźmi.
W jakimś kraju pod słońcem
i niektórymi chmurami.

Zostawiają za sobą jakieś swoje wszystko,
obsiane pola, jakieś kury, psy,
lusterka, w których właśnie przegląda się ogień.

Mają na plecach dzbanki i tobołki,
im bardziej puste, tym z dnia na dzień cięższe.

Odbywa się po cichu czyjeś ustawanie,
a w zgiełku czyjeś komuś chleba wydzieranie
i czyjeś martwym dzieckiem potrząsanie.

Przed nimi jakaś wciąż nie tędy droga,
nie ten, co trzeba most
nad rzeką dziwnie różową.
Dokoła jakieś strzały, raz bliżej, raz dalej,
w górze samolot trochę kołujący.

Przydałaby się jakaś niewidzialność,
jakaś bura kamienność,
a jeszcze lepiej niebyłość
na pewien krótki czas albo i długi.

Coś jeszcze się wydarzy, tylko gdzie i co.
Ktoś wyjdzie im naprzeciw, tylko kiedy, kto,
w ilu postaciach i w jakich zamiarach.
Jeśli będzie miał wybór,
może nie zechce być wrogiem
i pozostawi ich przy jakimś życiu.

Trzy słowa najdziwniejsze

Kiedy wymawiam słowo Przyszłość,
pierwsza sylaba odchodzi już do przeszłości.

Kiedy wymawiam słowo Cisza,
niszczę ją.

Kiedy wymawiam słowo Nic,
stwarzam coś, co nie mieści się w żadnym niebycie.

1ª EDIÇÃO [2011] 15 reimpressões

ESTA OBRA FOI COMPOSTA POR ACOMTE EM MERIDIEN E IMPRESSA
PELA GRÁFICA BARTIRA EM OFSETE SOBRE PAPEL PÓLEN NATURAL DA
SUZANO S.A. PARA A EDITORA SCHWARCZ EM OUTUBRO DE 2023

A marca FSC® é a garantia de que a madeira utilizada na fabricação do papel deste livro provém de florestas que foram gerenciadas de maneira ambientalmente correta, socialmente justa e economicamente viável, além de outras fontes de origem controlada.